D1503931

2ᵉ édition

écho

méthode de français

CAHIER PERSONNEL D'APPRENTISSAGE

J. Girardet / J. Pécheur

CLE
INTERNATIONAL
www.cle-inter.com

A2

Direction éditoriale : Béatrice Rego
Édition : Isabelle Walther
Conception et réalisation : Nada Abaïdia/Lo Yenne
Recherche iconographique : Danièle Portaz
Illustrations : Jean-Pierre Foissy

© CLE International/Sejer, Paris, 2013
ISBN : 978-2-09-038593-9

2e édition

écho
méthode de français

CAHIER PERSONNEL D'APPRENTISSAGE

Corrigés et Transcriptions

J. Girardet / J. Pécheur

CLE
INTERNATIONAL
www.cle-inter.com

A2

CLE International/Sejer, 2013

ISBN : 978-2-09-038593-9

Unité 1

Leçon 1

Interactions – p. 5-6

1. a. a diminué – **b.** se sont développés ; **c.** a évolué – **d.** a augmenté – **e.** sont devenus – **f.** ont changé.

2. a. nourriture – **b.** métier – **c.** paix – **d.** chiffre – **e.** riche – **f.** terre – **g.** partie – **h.** pétrole.

3. b. augmentation des prix –**c.** développement des banlieues – **d.** diminution des aides aux chômeurs – **e.** remplacement de l'entraîneur de l'équipe de football – **f.** obligation de travailler.

4. a. le cancer, le sida, vivre, malade, le corps. – **b.** la paix, signer, les relations. – **c.** la forêt, l'espace naturel.

5. A. a1, b5, c3, d4, e2, f6, g7.
B. demain – le futur – l'avenir – projet – future – prochain – c'est possible.
C. a7, b6, c5, d1, e2, f3, g4.

Ressources – p. 7-9

1. Dire : tu dis, il/elle dit, ils/elles disent. Interdire : j'interdis, tu interdis, il/elle interdit, nous interdisons, ils/elles interdisent.
Vivre : je vis, tu vis, vous vivez, ils/elles vivent.

2. je travaillerai, tu t'arrêteras, il jouera, nous comprendrons, vous dormirez, elles se rencontreront, je ferai, tu viendras, elle ira, nous serons absents, vous aurez du temps, ils pourront sortir.

3. b. j'irai au mariage de Léa – **c.** nous ferons un cadeau – **d.** tu danseras – **e.** je ferai un bon repas – **f.** Léa et son mari partiront – **g.** ils se souviendront de leur rencontre.

4. a. sortira – **b.** appellerai – **c.** irez – **d.** viendra – **e.** prendrez – **f.** apprécieront, aurons – **g.** ferons.

5. sera, aura, pourra, développerons, enverrons.

6. ferai, inviterai, achèterai, prendrons, partirons, oublierai.

7. b. nous développerons les transports en commun – **c.** nous utiliserons mieux les crédits – **d.** nous programmerons de nouveaux logements – **e.** nous développerons de nouvelles énergies.

8. a. moins qu' – **b.** autant que – **c.** moins qu' – **d.** plus que, moins que – **e.** plus – **f.** moins – **g.** autant.

Entraînement à l'oral – p. 9-10

1. a. je développerai – **b.** tu diminueras – **c.** il transportera – **d.** nous hésiterons – **e.** vous mesurerez – **f.** elles fermeront.

2. « an » : **a.** manges – **c.** maintenant – **e.** exactement – **g.** sandwich, jambon – **h.** blanc – **i.** géant.
« in » : **b.** faim – **c.** maintenant, moins, vingt – **d.** interdit – **f.** végétarien.
« on » : **g.** jambon.

4. b. J'arrêterai de fumer. – **c.** Je mangerai régulièrement. – **d.** Je ferai du sport. – **e.** Je ne boirai plus.

Écrits et civilisation – p. 11-12

1. a. une discussion – **b.** l'école connaît des diffi cultés, l'informatique peut aider à résoudre certains problèmes, on doit faire des choix dans l'utilisation des moyens.

2. 15 % des élèves sont dans des écoles privées / 15 % des étudiants sont étrangers. 2-6 ans : école maternelle – 6-11 ans : école primaire – 11-15 ans : collège – 15-18 ans : lycée – 70 % : réussissent le bac – 60 % entrent à l'université – 34 % entrent en lettres et sciences humaines – 25 % en droit, économie – 20 % en sciences.

Leçon 2

Interactions – p. 13-14

1. a. le lien entre café et santé, mettre des vitamines et des plantes qui guérissent.
b. Josée, vente ambulante.
c. société « Rentrez ok », conduite de la voiture au retour d'une fête, ramener le client chez lui.
d. Patricia Gerbaud, pelouse jaunie par la sécheresse l'été, pulvériser un produit écologique non toxique.

2. a3, b5, c1, d6, e2, f4.

3. Métier de la communication : religieux, animateur, présentateur, journaliste.
Métier de services : gendarme, réparateur, médecin, infirmière, professeur, informaticien, réceptionniste, serveur.
Métiers manuels : fermier, coiffeur, traiteur.
Métiers techniques : dessinateur, technicien, contrôleur, ingénieur.
Métiers artistiques : poète, magicien, musicien.

4. b. il administre – **c.** il dirige – **d.** il gère – **e.** elle répare – **f.** il sert – elle anime – **h.** elle coiffe.

5. d, a, b, f, h, g, e, c.

Ressources – p. 14-15

1. b. Oui, j'en ai vu – **c.** Non, je n'en fais pas – **d.** Non, je n'en ai pas – **e.** Si, j'en ai une – **f.** Non, je n'en ai pas besoin.

2. b. Oui, j'en fais. / Non, je n'en fais pas.
c. Oui, j'en bois. / Non, je n'en bois pas.
d. Oui, j'en écoute. / Non, je n'en écoute pas.
e. Oui, j'en mange. / Non, je n'en mange pas.
f. Oui, j'en mets. / Non, je n'en mets pas.
3. b. j'y vais – **c.** ils y viendront – **d.** je n'y resterai pas – **e.** je n'y participerai pas – **f.** j'y assisterai.

4. b. Oui, j'y vais. – **c.** Non, je n'y participe pas. – **d.** Oui, j'y travaille. – **e.** Oui, j'y pense. – **f.** Non, je n'y vais pas.

5. b. elle en a réservé – **c.** il y en a une – **d.** je n'y resterai pas – **e.** je n'en ai pas.

6. b. Oui, si on partage le loyer. – **c.** Oui, si tu le sors le soir. – **d.** Oui, si tu ne joues pas de la musique jazz. – **e.** Oui, si on ne l'appelle pas Maurice ou Mauricette.

Entraînement à l'oral – p. 16

1. a. conseiller, compétent, avec, caractère – **b.** guide, grand, groupe – **c.** magasin, cartes, crédit – **d.** quatre, kilos, gâteaux, confiture – paquets, cigarettes, chocolat.

2. 16 rue Méjan 13200 Arles
06 12 72 35 31
Courriel : juri@orange.fr
Âge : 27 ans
État civil : célibataire
CAP d'agent commercial
anglais
volley, maquettes de bateau, house music.

3. a. 5-6 – **b.** 3-4 – **c.** 3 – **d.** 2 – **e.** 1-2 – **f.** 1.

Écrits et civilisation – p. 17-28

1. a. tableau – **b.** demande – **c.** réaction – **d.** chômage – **e.** médecin.

2. a. chômeur – **b.** architecte – **c.** moteur – **d.** une moitié – **e.** syndicats – **f.** améliorer – **g.** médiathèque.

3. a. Madame, Monsieur
b. Je vous prie d'agréer, Madame, Monsieur, l'expression de mes sentiments les meilleurs.
c. diplômée de l'École d'architecture du Caire
d. réalisation d'une bibliothèque, création d'un musée
h. faire un stage
i. améliorer ses compétences
j. parle anglais, arabe, français.
k. je vous remercie par avance de me dire si ce stage est possible.

4. b. offre, traducteur, traduction technique, travail à distance.
c. demande, Maison du Tourisme, guide, trois langues exigées.
d. demande, laboratoire médical, chef de produit, diriger une équipe de dix personnes.

e. offre, musicien, cours de piano, dans la journée.

f. demande, Procom, délégué commercial, BTS commerce international et formation en langues étrangères appliquées.

g. offre, Lucasprint, photographe, tout type de photos.

Leçon 3

Interactions – p. 19-20

1. *Chasseurs contre photographes* : les photographes sans gilets fluo dans la forêt, les chasseurs peuvent prendre les photographes pour des animaux sauvages.

Des vaches : les cloches, ne peuvent plus dormir.

Interdit de fumer en voiture ? : la cigarette au volant, dangereux pour la santé des personnes qui sont dans la voiture.

Irresponsable : l'œuvre d'un artiste, œuvre bizarre dans un village qui compte beaucoup de monuments historiques.

2. *Sentiments* : le maire et une partie de la population sont en colère.

Opinions : D. n'est pas contre mais il dit que..., F. refuse et répète..., les uns pensent que..., les autres pensent que..., le juge autorise...

3. a. pense, **b.** imagine, **c.** trouve, **d.** propose, **e.** suis sûr, **f.** précise.

4. Pour : b, d, e, g, i – Contre : c, f, g, h.

5. a5, b3, c2, d1, e4.

6. a. Interdiction de tourner à gauche. – **b.** Interdiction de s'arrêter. – **c.** Obligation de tourner à droite. – **d.** Interdiction de faire du feu. – **f.** Attention aux enfants.

Ressources – p. 21-23

1. a. je sorte, tu fasses du sport, elle marche, nous nous détendions, vous vous promeniez, ils dorment

b. tu écoutes, il lise, nous écrivions, elles fassent.

c. tu sois en retard, nous n'ayons pas le temps, vous perdiez du temps, elles soient fatiguées.

2. b. Il faut que tu ailles laver la voiture. – **c.** Il faut aussi que tu prennes de l'essence. – **d.** Il faut que vous rangiez votre chambre. – **e.** Il faut que nous soyons prêts à 14 h. – **f.** Il ne faut pas que nos amis nous attendent.

3. b. Il faut que j'aie un bon sujet. – **c.** J'ai peur que les tests soient difficiles. – **d.** Je souhaite que le jury soit sympathique. – **e.** J'ai envie que Madame Duval soit dans le jury. – **f.** Je préfère que tu ne viennes pas.

4. a. se voie – **b.** viennes – **c.** attendre – **d.** m'attendes – **e.** sois en retard – **f.** comprennes.

5. b. Elle n'a pas envie qu'il vienne ce weekend. – **c.** Il adore qu'elle mette de beaux vêtements. – **d.** Elle préfère qu'il boive de l'eau. – **e.** Ça l'étonne qu'elle parte seule. – **f.** Il a peur qu'elle choisisse un autre partenaire.

6. b. Je ne loge qu'à l'hôtel du Port. / Je loge seulement à l'hôtel du Port.

c. Je ne mange que du poisson. / Je mange seulement du poisson.

d. Je ne bois que du cidre. / Je bois seulement du cidre.

e. Je n'aime que les endroits tranquilles. / J'aime seulement les endroits tranquilles.

f. Je ne fais que du bateau. / Je fais seulement du bateau.

7. b. Non, elle ne mange que des yaourts. – **c.** Non, elle ne lit que des romans policiers. – **d.** Non, elle ne fait que du tennis. – **e.** Non, elle n'écoute que Beethoven.

Entraînement à l'oral – p. 23-24

1. « t » : **a.** x, **b.** xx, **c.** xx, **d.** xxx, **e.** x, **f.** xx. « d » : **a.** xx, **c.** x, **e.** xx, **f.** x.

2. b. Il faut que tu te lèves. – **c.** il faut que nous nous préparions. – **d.** Il faut que vous vous habilliez. – **e.** Il faut que vous preniez votre petit-déjeuner. – **f.** Il faut que vous fassiez votre lit.

Écrits et civilisation – p. 24

1. a. 96 – **b.** 4 – **c.** 22 – **d.** 1789 – **e.** 1982.

2. a. nomme – **b.** choisit – **c.** représente – **d.** élisent – **e.** dirige.

Leçon 4

Interactions – p. 25-26

1. a5, b3, c7, d1, e2, f8, g4, h6.
2. a. Échappées belles – **b.** La cuisine des terroirs – **c.** Vivement dimanche prochain – **d.** La grande librairie – **e.** Les Anges de la téléréalité.

3. a. interviewe – **b.** commente – **c.** analysent – **d.** enquêtent – **e.** présente – **f.** anime – **g.** raconte.

4. b. une animation – **c.** un commentaire – **d.** une enquête – **e.** une interview – **f.** une présentation – **g.** un récit.

Ressources – p. 26-28

1. a. J'ai vu l'émission « La grande librairie » qui m'a beaucoup plu.
b. J'ai regardé « Échappées belles » où j'ai appris beaucoup de choses sur l'Île de la Réunion.
c. Je regarde chaque semaine l'émission « J'ai rendez-vous avec vous » qui donne la parole aux gens de la rue.
d. J'aime bien l'émission « Trente millions d'amis » que je ne manque jamais.
e. Je suis gourmande, je suis « accro » à « La cuisine des Terroirs » où on propose toujours de nouvelles recettes.
f. « Téléfoot » est une très bonne émission sur le football que je regarde chaque semaine.

2. a. où – **b.** qui – **c.** que – **d.** où – **e.** qui – **f.** que.

3. b. Le garçon qui a des cheveux verts. – **c.** L'homme qui a l'oreille cassée. – **d.** La fille qui a une valise. – **e.** La femme qui a deux visages.

4. b. Allez voir Dijon qui est une belle ville. – **c.** Goûtez le boeuf bourguignon qui est un très bon plat. – **d.** Allez écouter Patricia Kaas qui chante à Beaune.

5. b. C'est en Belgique que je vais. – **c.** C'est un studio que je cherche. – **d.** C'est au centre culturel que je suis des cours. – **e.** C'est la bière que je préfère.

6. a. Nous avons beaucoup travaillé. – **b.** Nous avons très bien développé le projet. – **c.** Nous avons pris rapidement les bonnes décisions. – **d.** Nous avons bien avancé dans les recherches. – **e.** Nous sommes assez contents du résultat. – **f.** Nous sommes sortis très tard du bureau.

7. b. Je travaille en écoutant de la musique. – **c.** Elle zappe en téléphonant. – **d.** Il est au travail en cinq minutes en passant par le centre-ville. – **e.** Il a eu le poste de directeur en travaillant beaucoup. – **f.** Il a gagné beaucoup d'argent en jouant au Loto.

8. a. Pour faire la promotion de son livre parfumé. – **b.** Elle n'est pas très à l'aise. – **c.** Oui, on en parle. – **d.** À Madagascar. – **e.** Un petit producteur. – **f.** L'histoire du baobab.

Entraînement à l'oral – p. 28-29

1. a. c∉ n'est pas grav∉ – **b.** je n∉ l'ai pas vu – **c.** j∉ viens d'arriver – **d.** je n∉ sais pas – **e.** je ∉'en sais rien – **f.** eh b∤en – **g.** pa∉ encore – **h.** vou∉ aussi.

2. *Surprise* : Vraiment !, Ça alors !, C'est vrai ?
Satisfaction : Trop fort !, Ah ! C'est bien…, Pas mal !
Déception : Ça ne fait rien., Dommage !, La prochaine fois, peut-être.

3. b. J'ai enregistré le film que tu as vu hier. – **c.** Je me suis connecté sur un site où il y a beaucoup d'informations. – **d.** J'ai téléchargé de la musique que j'écoute tout le temps. – **e.** J'ai programmé une émission qui est très amusante.

Écrits et civilisation – p. 29-31

1. Vrai : a, b, d, g. Faux : c, e, f.

2. a. développe plutôt des idées de droite – **b.** sérieux – **c.** développe des idées de gauche – **d.** simple – **e.** humoristique – **f.** informations sportives.

3. a. télévision – **b.** magazine politique et culturel – **c.** journal régional – **d.** magazine politique et culturel – **e.** quotidien politique.

4.

1. partout en France, 21 juin, Fête de la musique, Christian Olivier du groupe Têtes Raides.

2. École, rentrée des classes 2007, cours de rock, Natacha Tatu, J.-C. Lallia.

3. Le Vatican, septembre 2007, charter, le Saint-Siège.

4. Varallo, Lombardie (Italie), maigrir, les habitants.

Préparation au DELF A2 –
p. 32-33

Compréhension de l'oral
Jeune homme : 33 ans, 1,80 m, cheveux courts, jean, baskets.
Jeune femme : 25 ans, grande, cheveux longs, jupe noire, veste rouge, chaussures à talons.
Arthur : 8 ans, lunettes, blond, pantalon rouge, sweet bleu, tennis, sac à dos vert.
Vieux monsieur : 80 ans, petit, 1,60 m, yeux verts, cheveux gris blanc, costume gris, écharpe rouge.

Production orale
Demande : b, d, e, k.
Conflit : a, f, g, j.
Problème : c, h, i, l.
Compréhension écrite
Environnement : f – musique : c, h – livre : b – politique : i – société : e, g – sport : a – cinéma : d.

Unité 2

Leçon 5

Interactions – p. 35-36

1. a. un diplôme (ce n'est pas une activité de classe) – b. un cahier (ce n'est pas un livre) – c. la poésie (ce n'est pas un média) – d. la science (ce n'est pas une activité de langue) – e. un exercice (ce n'est pas une activité linguistique).

2. a. valider – b. expliquer – c. transcrire – d. connaître – e. savoir – f. demander – g. traduire.

3. a. le dossier – b. analyse – c. explications – d. études – e. connaissance.

4. a. s'est jetée – b. écrit – c. lire – d. comprend – e. apprend – f. traduit.

5. a. spontanéité – b. réflexion – c. indépendance – d. curiosité – e. charme.

Ressources – p. 36-38

1. donner : je donne, tu donnes – il donnait, nous donnions – vous donnerez, ils donneront.

retenir : elle retient, nous retenons – vous reteniez, elles retenaient – je retiendrai, tu retiendras.

comprendre : vous comprenez, ils comprennent – je comprenais, tu comprenais – il comprendra, nous comprendrons.

finir : je finis, tu finis – elle finissait, nous finissions – vous finirez, elles finiront.

2. a. 3 – b. 1 – c. 2 – d. 3 – e. 1 – f. 3 – g. 1 – h. 2 – i. 1 – j. 2 – k. 2 – l. 2 – m. 1 – n. 2.

3. j'organiserai ; je finirai ; tu viendras ; nous pourrons ; je ferai ; nous irons.

4. a. nous avions ; tu m'as dit ; tu n'étais pas. – b. tu as fait ; tu es sorti ; il faisait ; je me suis promené ; j'ai revu ; nous avons parlé ; nous avons pris ; a passé.

5. j'ai retrouvé ; j'ai reçu ; il vivait ; il travaille ; nous avons échangé ; il est venu ; nous avons passé ; il est arrivé ; il faisait ; nous nous sommes promenés ; il a beaucoup aimé ; nous nous sommes embrassés ; nous nous sommes assis ; il m'a raconté.

6. a. organisez – b. apprenez – c. faites – d. attendez – e. commencez et finissez – f. écrivez.

Entraînement à l'oral – p. 38-39

1. a. je joue, je jouerai – b. je chante, je chanterai – c. je décide, je déciderai – d. je répète, je répéterai.

2. a. Anne-Sophie – **b.** ses trente ans avec ses quatre anciennes copines du lycée Voltaire – **c.** dans un gîte dans le Périgord – **d.** à Karine, Odile et Liza – **e.** en Irlande – **f.** Liza – **g.** il travaille dans l'informatique mais il cherche du travail – **h.** une entreprise d'informatique.

3. je sais : a., c., d. – **je connais** : b., e., f.

4. a. je me souviens de François – **b.** je me rappelle le nom de l'hôtel – **c.** je me souviens des matchs sur la plage – **d.** je me rappelle les soirées au restaurant – **e.** je me souviens des sorties en bateau.

Écrits et civilisation – p. 39-40

1. a. 3 – **b.** 5 – **c.** 2 – **d.** 1 – **e.** 4.

2. a. amical – **b.** commercial – **c.** professionnel – **d.** convivial.

4. Muriel : maman divorcée – constituer un cercle d'amis – en allant sur le site Peuplade sur Internet – oui, elle s'est formée un vrai village numérique d'amis avec qui elle échange des conseils et des solutions.

L'agriculteur : veuf – une compagne pour l'aider dans son travail à la campagne – par une agence matrimoniale – oui, et à la fin il l'épousera.

Leçon 6

Interactions – p. 41-42

1. a. une course ; la bataille ; le jet ; la lutte ; le stade ; le succès ; courir ; lancer.

b. l'attraction ; le bal ; une fléchette ; le manège ; le masque ; se déguiser ; se maquiller ; rire.

c. un défilé ; un fest-noz ; l'orchestre.

2. a. 7 – **b.** 4 – **c.** 1 – **d.** 5 – **e.** 2 – **f.** 3 – **g.** 6.

3. a. un manège – **b.** province – **c.** accent – **d.** masques – **e.** vainqueur.

4. a. attiré – **b.** ancré – **c.** précisé – **d.** lancé – **e.** déguisé – **f.** raté.

5. a. France – **b.** Suisse – **c.** Chine – **d.** Irlande – **e.** Espagne – **f.** États-Unis.

Ressources – p. 42-43

1. a. Oui, je le connais. – **b.** Oui, je l'ai lu. – **c.** Oui, je l'ai aimée. – **d.** Oui, j'en achète souvent. – **e.** Oui, je les aime aussi.

2. a. Je l'ai invité... – **b.** Je les ai trouvés... – **c.** Il les a trouvées... – **d.** Il m'en a donné un. – **e.** Il les a faites...

3. nous ; leur ; lui ; l' ; me ; leur ; le ; le.

4. a. j'y suis allé – **b.** elle s'en souvient – **c.** je lui en ai fait un – **d.** elle en a toujours – **e.** j'y ai pensé – **f.** elle ne m'en a pas donné.

5. a. écrite – **b.** traduite – **c.** faite – **d.** vue – **e.** produite.

Entraînement à l'oral – p. 44-45

1. le : a., c., d. – **la** : b., c., e. – **les** : a., b., d., e.

2. a. dans le Périgord – **b.** Dilou – **c.** à Sarlat – **d.** Non, mais c'est un copain de Harry qu'elle connaît – **e.** un rôti de bœuf sauce Périgueux – **f.** un gâteau aux trois chocolats – **g.** il aide Patrick.

3. Dessins/instructions : 1. g – 2. f – 3. c – 4. h – 5. e – 6. b – 7. a – 8. d.

Ordre des instructions : c., g., b., d., h., a., e., f.

4. a. je la cherche – **b.** je les cherche – **c.** j'en cherche – **d.** j'en cherche un – **e.** je le cherche – **f.** j'y pense – **g.** je l'ai préparée.

Écrits et civilisation – p. 45-47

1. a. une cocotte-minute – **b.** une fève – **c.** la poudre – **d.** la nappe – **e.** la truffe.

Les ingrédients : 1. série c. – 2. série e. – 3. série a. – 4. série b. – 5. série d.

2. a. étaler – **b.** mélanger – **c.** faire cuire – **d.** trancher – **e.** arroser – **f.** saupoudrer – **g.** essuyer.

3. a. 3 – **b.** 5 – **c.** 1 – **d.** 2 – **e.** 4.

4. (1) Épiphanie, Pâques, Ascension, Pentecôte, Assomption (15 août), Toussaint, Noël – **(2)** 14 juillet – **(3)** Jour de l'An, Fête du travail (1er mai) – **(4)** armistice de 1945 (8 mai), armistice de 1918 (11 novembre) – **(5)** printemps : 20 mars ; été : 21 juin ;

automne : 22 septembre ; hiver : 21 décembre –
(6) du 18 au 22 avril : Printemps de Bourges ;
du 21 juin au 21 septembre : Nuits lumière de
Bourges ; 21 octobre : Foulées de Bourges.

Leçon 7

Interactions – p. 48-49

1. a. 2 – **b.** 5 – **c.** 4 – **d.** 1 – **e.** 3.

2. a. le gain – **b.** le don – **c.** l'invincibilité –
d. la mémoire – **e.** la récitation – **f.** décider –
g. recruter – **h.** influencer – **i.** la réalisation.

3. a. rêves – **b.** le bien – **c.** la clé – **d.** son
destin – **e.** cheval – **f.** le cap.

1. d – 2. b – 3. c – 4. f – 5. a – 6. e.

4. condition : a., c. – **supposition** : e. – **suggestion** : d., e., f.

5. a. 2 – **b.** 5 – **c.** 1 – **d.** 3 – **e.** 4.

Ressources – p. 49-51

1. retenir : je retiendrais, nous retiendrions,
vous retiendriez – **discuter** : tu discuterais,
elle discuterait, ils discuteraient –
permettre : je permettrais, tu permettrais,
vous permettriez – **devoir** : je devrais, tu
devrais, elles devraient.

2. a. je donnerais – **b.** nous achèterions –
c. tu travaillerais – **d.** vous seriez invités –
e. feraient.

3. a. elle m'écouterait – **b.** je marquerais –
c. tu ferais – **d.** vous deviendriez – **e.** je te
publierais.

4. a. nous aurions – **b.** j'irais – **c.** il réussirait
– **d.** nous ferions – **e.** nous perdrions.

5. a. nous pourrions – **b.** j'aimerais – **c.** je
préférerais – **d.** je voudrais – **e.** il faudrait.

6. à 7 h ; à Paris ; à 9 h ; à 12 h 15 ; de Paris ;
pour Bruxelles ; à Bruxelles ; à 13 h 40 ; à 14 h ;
de Bruxelles ; à Lyon ; à 20 h ; chez moi.

7. souhaiterais ; seriez-vous ; pourrions ;
serais ; pourriez.

Entraînement à l'oral – p. 51-52

1. [u] a. xx – **b.** xx – **c.** x – **d.** x – **e.** x.

[y] a. x – **b.** xx – **c.** xxx – **d.** xxx – **e.** xxx.

2. vrai : a., c., e., g. – **faux** : b., d., f., h.

3. Oui, on m'a dit... **a.** qu'elle viendrait –
b. qu'il serait là aussi – **c.** qu'ils se parleraient
– **d.** qu'ils partiraient ensemble – **e.** que ça
finirait bien.

4. a. Je pourrais avoir l'addition ? – **b.** Tu
voudrais venir au cinéma avec moi ? –
c. Tu devrais partir tôt. – **d.** Il faudrait que
tu me remplaces. – **e.** Vous pourriez faire
attention !

Écrits et civilisation – p. 52-53

1. a. elle m'a souri – **b.** s'est moqué –
c. une blague – **d.** d'humour ; caricatures –
e. taquiner.

2. a. au Lapin agile à Montmartre – **b.**
Roland Dorgelès – **c.** un âne, Lolo – **d.**
Dorgelès et ses amis attachent un pinceau
trempé dans la peinture à la queue de l'âne
et placent un tableau blanc sous la queue.
Les mouvements de la queue dessinent
alors des formes abstraites sur la toile. – **e.**
Coucher de soleil sur l'Adriatique – **f.** Salon
des Indépendants – **g.** 1 500 euros.

3. a. 2 et 3 – **b.** 4 – **c.** 1 – **d.** 5.

Leçon 8

Interactions – p. 54-55

1. a. curieux – **b.** compréhensif – **c.** optimiste –
d. enthousiaste – **e.** jeune – **f.** énergique –
g. généreux – **h.** créatif – **i.** original –
j. courageux – **k.** passionné – **l.** ambitieux –
m. actif – **n.** autoritaire – **o.** sociable – **p.** timide –
q. élégant – **r.** honnête – **s.** pessimiste –
t. gai – **u.** intolérant – **v.** spontané.

2. a. courageux – **b.** créative – **c.** ambitieux –
d. sociable – **e.** élégante – **f.** intolérant –
g. généreux – **h.** autoritaire.

3. a. pessimiste – **b.** compréhensif – **c.** timide – **d.** actif – **e.** passionné – **f.** gai.

4. a. blanche – **b.** noires – **c.** rose – **d.** bleue – **e.** vert – **f.** rouge.

Ressources – p. 55-56

1. a. ce qui – **b.** si – **c.** où – **d.** quels – **e.** ce que – **f.** qui.

2. Liza dit à Jean-Philippe qu'elle sort, qu'elle va chez le coiffeur, et qu'elle rentrera vers 19 h. Elle lui demande s'il peut s'occuper de la cuisine, et de ne pas oublier de surveiller le four. Elle lui demande aussi s'il peut mettre la table et de vérifier si tout le monde a répondu. Elle lui demande aussi de penser à la boisson et de choisir ce qu'on servira en apéritif.

3. a. On vous a posé beaucoup de questions ? Qu'est-ce que vous avez répondu ? Vous êtes optimiste ? – **b.** Oui, beaucoup de questions ; il y a beaucoup de concurrence et ce n'est pas gagné d'avance. – **c.** Quand retournerez-vous en Corée ? Reposez-vous bien ! – **d.** Je pourrais prendre deux jours de vacances à la fin de la négociation ?

4. a. nous faire – **b.** me fais – **c.** se fait – **d.** me fais – **e.** nous faisons.

Entraînement à l'oral – p. 57-58

1.

	[a]	[ã]	[o]	[õ]
a.	xx	xxx		x
b.	x	xxxx		x
c.	xx	xxxx		xx
d.			x	xx
e.	xxx		x	xxx
f.		x	x	x

2. a. explorer une grotte – **b.** Anne-Sophie est fâchée – **c.** Cléopâtre – **d.** des peintures d'animaux – **e.** grâce à l'écho – **f.** oui, ils se quittent bons amis.

3. accord : d., g., i. – **désaccord** : c., e., f., h. – **incompréhension** : a., b.

4. a. Elle dit qu'il fait beau. – **b.** Elle dit qu'elle va sortir. – **c.** Elle dit qu'elle m'a appelé hier. – **d.** Elle demande si on peut se voir. – **e.** Elle demande si je veux faire un tennis.

5. a. Il me demande si je veux aller au restaurant. – **b.** Il me demande ce que je veux manger. – **c.** Il me demande quand je préfère y aller. – **d.** Il me demande qui je veux inviter. – **e.** Il me demande de faire la réservation.

Écrits et civilisation – p. 58-59

1. a. un journaliste américain – **b.** *Sacrés Français* – **c.** sa découverte des modes de vie des Français – **d.** dans une famille parisienne ; dans le train ou le métro ; dans les villes ou les villages – **e.** 3.

2. Oui : a., c., e., f., i., j. – **Non** : b., d., g., h.

3. a. Sonja – **b.** Amparo – **c.** William – **d.** David – **e.** Karol.

4. 1. k – 2. c – 3. j – 4. a – 5. b – 6. l – 7. g – 8. d – 9. f – 10. h – 11. e – 12. i.

Préparation au DELF A2 – p. 60-61

Compréhension orale
message 1 : Rio de Janeiro ; Air France AF 1235 ; D21 – **message 2** : New York ; Air France AF 3916 ; F19 – **message 3** : Singapour ; Air France AF 3169 ; B76 – **message 4** : Tokyo ; Air France KLM 1774 ; E46 – **message 5** : Mexico ; Air France AF 6175.

Compréhension des écrits
1. c – 2. b – 3. a – 4. a – 5. a.

Production écrite
Le premier menu propose plus de poisson que le second qui est plus lourd. – Le premier menu est plus régional que le second qui propose des produits plus chers comme le foie gras ou plus rares comme le lapin aux citrons confits. – Le premier menu est meilleur marché que le second.

L'entrée est aussi chère dans le premier menu que dans le second. – Le plat principal est plus régional dans le premier que dans le second mais le dessert est moins exotique dans le second que dans le premier.

Production orale

a. Bonjour, je suis bien à l'Agence Tourism' Azur ?
b. Le séjour à X..., c'est bien trois jours, tout compris ?
c. Il y a encore de la place ?
d. C'est un séjour en chambre individuelle ?
e. Tout est inclus dans le prix ?
f. Même la dégustation des vins ?
g. Où se trouve le rendez-vous pour le départ ?
h. Et le retour est prévu à quelle heure ?
i. Comment je peux réserver ?

Unité 3

Leçon 9

Interactions – p. 63-65

1. 1. k – 2. l – 3. h – 4. d – 5. c – 6. f – 7. j – 8. a – 9. i – 10. e – 11. g – 12. b.

2. vrai : a., c., d., e. – faux : b., g.

3. a. une découverte – **b.** une réussite – **c.** un échec – **d.** un risque – **e.** un essai – **f.** une tentative.

4. a. réussite – **b.** risque – **c.** découverte – **d.** essai – **e.** échec.

5. a. courageux – **b.** énergique – **c.** volontaire – **d.** fou ou inconscient.

Ressources – p. 65-67

1. b. Des recherches ont été faites sur Internet par les étudiants. – **c.** Des documents ont été rassemblés par un petit groupe. – **d.** Le programme de la visite a été élaboré par deux professeurs. – **e.** Le programme de la visite a été apprécié. – **f.** Toute l'équipe a été félicitée par le professeur pour son travail de préparation.

2. b. Pierre a été agressé par le voisin. – **c.** Ma

carte bancaire m'a été volée. – **d.** De l'argent nous a été prêté. – **e.** La voiture a été conduite par un chauffeur au village voisin.

3. a. acceptent ; accordes ; approfondissions ; reconnaissent. – **b.** soyons ; prenions ; de partir ; aille ; viennent.

4. b. Je souhaite que tu t'occupes des enfants. – **c.** Je crains qu'ils ne me rejoignent pas plus tard. – **d.** J'ai peur que tes parents ne soient pas là pour les accueillir. – **e.** Je suis contente qu'on aille ensuite au cinéma et au restaurant.

5. a. Je regrette que vous ne puissiez pas témoigner. – **b.** J'espère que nous pourrons aborder certains sujets. – **c.** Je souhaite que vous interveniez. – **d.** J'ai peur qu'ils se taisent tous. – **e.** J'ai envie que nous les laissions intervenir.

Entraînement à l'oral – p. 67-68

1. les : a., g., j. – **le** : b., d., e., f. – **la** : c., h., i.

2. Vrai : a., b., c., d., g. – **Faux** : e., f., h.

3. Nationalité : suisse – Profession : médecin – Exploit : premier à avoir fait le tour du monde en ballon – 1997 : échec après neuf jours à cause d'un problème technique – 1998 : impossibilité de traverser le territoire chinois et vents défavorables – 2008 : projet de tour du monde en avion fonctionnant à l'énergie solaire.

4. a. J'ai envie que tu viennes. – **b.** Je voudrais bien que tu lises. – **c.** Je souhaite que vous traduisiez ce texte. – **d.** J'ai envie que nous allions au théâtre. – **e.** Je désire que tu réussisses. – **f.** J'aimerais bien que tu viennes à mon anniversaire.

5. a. Il faut que vous veniez. – **b.** Il faut que nous nous organisions. – **c.** Il faut que nous nous occupions du problème. – **d.** Il faut qu'ensuite vous vous détendiez. – **e.** Et il faut que vous vous amusiez.

Écrits et civilisation – p. 69-70

1. a. 50 000 – **b.** 39 967 – **c.** 37ᵉ édition – **d.** 42,195 km – **e.** 2 h 21' 06'' – **f.** Éthiopienne – **g.** 2 h 05' 38'' – **h.** Kényan – **i.** Tirfi Beyene –

j. 30 ans – **k.** Peter Some – **l.** Francfort.

2. a. enthousiasme – **b.** déception – **c.** pessimisme – **d.** optimisme – **e.** confiance.

3. a. cyclisme – **b.** natation – **c.** saut en hauteur – **d.** football – **e.** golf – **f.** équitation.

4. a. l'esprit d'équipe – **b.** le sens du rythme – **c.** les réflexes – **d.** l'équilibre – **e.** le goût de la nature.

Leçon 10

Interactions – p. 71-72

1. Nettoyer : faire la lessive ; passer l'aspirateur ; faire la poussière ; vider la poubelle ; nettoyer l'évier, la salle de bains ; laver le sol.

Cuisiner : préparer une salade ; faire cuire ; préparer un bon plat ; mettre au four ; éplucher.

Bricoler : changer une ampoule ; accrocher un tableau ; pendre ; installer ; monter un petit meuble.

2. a. 4 – **b.** 3 – **c.** 5 – **d.** 2 – **e.** 7 – **f.** 1 – **g.** 6.

3. a. le rangement – **b.** le repassage – **c.** la préparation – **d.** le lavage – **e.** le changement – **f.** l'accrochage – **g.** l'installation – **h.** le montage – **i.** la cuisson – **j.** la résolution – **k.** la sortie – **l.** la couture.

Suffixes en -(e)ment : le rangement, le changement ; **-age** : le repassage, le lavage, l'accrochage, le montage ; **-tion** : la préparation, l'installation, la résolution – **autres suffixes** : la cuisson, la sortie, la couture.

4. a. changer – **b.** préparer – **c.** monter – **d.** ranger – **e.** installer – **f.** cuire.

Ressources – p. 72-73

1. a. la sienne – **b.** le sien – **c.** les siennes – **d.** le mien – **e.** les miens – **f.** les nôtres – **g.** les leurs.

2. a. il appartient à... – **b.** elle possède – **c.** il possède – **d.** il fait partie – **e.** elle possède – **f.** elle possède – **g.** cette montre appartient à.

3. a. tous – **b.** la plupart – **c.** beaucoup – **d.** la moitié – **e.** peu – **f.** très peu – **g.** quelques-uns – **h.** aucun n'.

4. a. Oui, je les regarde tous. – **b.** Oui, je regarde la plupart. – **c.** Oui, j'en aime certaines. – **d.** Oui, j'en regarde quelques-unes. – **e.** Non, je n'en regarde aucune.

Entraînement à l'oral – p. 74-75

1. [v] : **a.** x – **b.** x – **c.** xx – **d.** xx – **e.** x – **f.** x.

[f] : **b.** x – **c.** x – **e.** x – **f.** x.

2. a. une chambre à louer – **b.** le deuxième colocataire – **c.** 400 € – **d.** OK Services – **e.** des petits travaux à domicile – **f.** oui.

3. a. Oui, c'est la mienne. – **b.** Non, ce n'est pas le mien. – **c.** Oui, ce sont les leurs. – **d.** Non, ce n'est pas la sienne. – **e.** Oui, ce sont les nôtres.

4. b. 5 – **c.** 1 – **d.** 8 – **e.** 3 – **f.** 7 – **g.** 6 – **h.** 2 – **i.** 4.

Écrits et civilisation – p. 75-76

1. a. nombre d'années de travail en moins dans une vie – **b.** pourcentage des jeunes qui sont au chômage – **c.** nombre de fonctionnaires et de professions sans risques – **d.** nombre d'actifs qui ne gagnent que le Smic – **e.** montant du Smic – **f.** pourcentage des Français qui vivent de l'aide sociale.

3. a. Cet enfant déteste les règles. – **b.** L'étudiant a séché les cours. – **c.** Ils se sont réconciliés. – **d.** Il se déplace... – **e.** Quelqu'un ment. – **f.** Ça me dérange.

4. a. un poste – **b.** a délocalisé – **c.** licenciement ; chômage – **d.** un emploi – **e.** CV – **f.** embauché – **g.** revenus.

Leçon 11

Interactions – p. 77-78

1. a. buffet, armoire, commode, placard, bibliothèque, placard de salle de bains, porte-serviettes, porte-savon, étagères –

b. lave-vaisselle, lave-linge, aspirateur, balai, pelle – **c.** serviette de bain, gant de toilette, miroir – **d.** cuisinière à gaz, four électrique, four à micro-ondes, cuisinière électrique, réfrigérateur, robot – **e.** table de salle à manger, chaise – **f.** chaîne hi-fi, télévision, bibliothèque – **g.** lit, matelas, oreiller, draps, couette, couverture, oreiller, traversin.

2. a. lit – **b.** matelas – **c.** four à micro-ondes – **d.** grille-pain – **e.** table de chevet.

3. a. sphérique – **b.** cubique – **c.** pyramidal – **d.** carré – **e.** rectangulaire – **f.** rond – **g.** métallique – **h.** aurifère – **i.** argentique.

4. a. 5 – **b.** 3 – **c.** 1 – **d.** 2 – **e.** 4.

5. a. langue de bois – **b.** cœur de pierre – **c.** prix d'or – **d.** santé de fer – **e.** sommeil de plomb.

Ressources – p. 79-81

1. a. lequel – **b.** laquelle – **c.** lesquels – **d.** quel – **e.** laquelle – **f.** laquelle.

2. a. celui qui – **b.** celle qui – **c.** celle que ; celle qui – **d.** celui où ; ceux que – **e.** celui que.

3. ce que tu ; ce que tu as ; ce qui est ; ce que tu ; ce que tu me ; ce que tu me ; ce qui me.

4. b. une banque ; comme ; budget/crédit – **c.** un magasin de vêtements ; aussi ... que ; naturel (adjectif) et jupe (nom) – **d.** un produit alimentaire ; autant ... que ; silhouette (ligne)/personne (vous) – **e.** une agence de voyages ; plus que ... moins ; attentes/prix – **f.** informatique ; moins de / plus / meilleures ; ordinateur/qualités (volume, rapidité, performance).

5. b. Les Français vont moins à l'opéra qu'au théâtre. / C'est à l'opéra qu'ils vont le moins. – **c.** Les Français pratiquent plus le football que le tennis. / C'est au football qu'ils jouent le plus. – **d.** Les Français se déplacent moins en rollers qu'à vélo. / C'est en rollers qu'ils se déplacent le moins. – **e.** Les Français écoutent plus la chanson française que la variété internationale. / C'est la chanson française qu'ils écoutent le plus.

Entraînement à l'oral – p. 81-82

1. [s] : a., b., d., f. (xx) – **[z]** : c., e. (xx).

2. a. ils préparent un film publicitaire – **b.** à un casting – **c.** Kamel invite Clémentine au restaurant et c'est finalement Clémentine qui offre un kébab à Kamel – **d.** dans un cabaret à Montmartre – **e.** il écrit des sketches – **f.** il leur propose de faire un sketch à deux.

3. a. rappeler – **b.** laisser un message – **c.** taper sur la touche 1, 2, 3 ou 4 – **d.** attendre la réouverture – **e.** consulter l'annuaire.

4. a. N'importe laquelle, celle que tu veux. – **b.** N'importe lequel, celui que tu veux. – **c.** N'importe lesquelles, celles que tu veux. – **d.** N'importe lesquels, ceux que tu veux. – **e.** N'importe laquelle, celle que tu voudras.

5. a. Oui, c'est le meilleur. – **b.** Oui, c'est le plus fréquenté. – **c.** Elle est meilleure qu'ailleurs. – **d.** C'est le plus cher. – **e.** C'est le mieux situé.

Écrits et civilisation – p. 82-83

1. a. retirer de l'argent – **b.** dépenser – **c.** approvisionner son compte – **d.** fermer un compte – **e.** perdre de l'argent au jeu.

2. b., f., c., g., h., a., e., d.

3. a. 3 – **b.** 6 – **c.** 1 – **d.** 4 – **e.** 2 – **f.** 5.

4. vrai : a., d., f. – **faux** : b., c., e.

Leçon 12

Interactions – p. 84-85

1. a. chercheuse ; dessinatrice – **b.** journaliste ; médecin – **c.** boulangère ; pâtissière – **d.** psychologue ; sociologue – **e.** directrice des ressources humaines.

2. a. ingénieur – **b.** responsable marketing – **c.** agents immobiliers – **d.** infirmier/infirmière – **e.** informaticien/informaticienne – **f.** architecte.

3. a. à un garagiste – **b.** à un musicien/une musicienne – **c.** à un/une styliste – **d.** à un/

une professeur(e) – **e.** à un guide nature – **f.** à un jardinier/une jardinière.

4. a. 3 – **b.** 5 – **c.** 4 – **d.** 1 – **e.** 6 – **f.** 2.

5. a. il fait – **b.** elle travaille ; elle est – **c.** vous faites ; je suis ; je m'occupe – **d.** vous exercez ; je suis – **e.** vous faites.

Ressources – p. 86-87

1. b. C'était un match assez agréable à suivre, mais les joueurs n'avaient pas assez envie de gagner.

c. J'ai trouvé le voyage trop long, très fatigant mais nous en garderons un assez bon souvenir.

d. C'est une très jolie maison, très claire, mais trop loin du centre-ville.

e. J'ai trouvé les questions très difficiles, trop nombreuses et on n'avait pas assez de temps pour y répondre.

2. b. C'est si éloigné du livre qu'on découvre autre chose. – **c.** L'orchestre joue si fort qu'on n'entend plus les chanteurs. – **d.** Les acteurs doivent parler tellement fort qu'on a l'impression qu'ils crient. – **e.** Il y a tellement de bruit que les spectateurs sont contents de partir.

3. a. Oui, je veux venir. – **b.** Oui, j'aimerais partir en juillet. – **c.** Non, on ne pourra pas prendre ma voiture. – **d.** Non, on ne pourra pas rentrer fin août. – **e.** Oui, je me prépare à passer des examens en septembre. – **f.** Oui, je continue de faire du droit. – **g.** Non, j'ai arrêté de faire de la photo.

4. a. pourtant – **b.** malgré – **c.** heureusement – **d.** en revanche – **e.** au lieu de – **f.** heureusement.

Entraînement à l'oral – p. 87-88

2. a. de n'être plus le même, de n'avoir pas envoyé des méls assez souvent – **b.** elle aime vivre à la campagne et lui aime la ville, la nuit, les rencontres – **c.** à l'occasion d'un accident – **d.** organisateur de spectacles –

e. une tournée à l'étranger pour jeunes artistes – **f.** en Algérie, à Alger – **g.** Nadia.

3. Quand : samedi 13 avril 19h30 – **Où** : boulevard Victor-Hugo – **Qui** : 207 Peugeot – **Quoi** : tourner à gauche, rue de la République, Citroën Xsara Picasso double par la droite, feu qui passe au rouge, Citroën s'arrête, je freine mais choc. – **Conséquences** : dégâts arrière de la Citroën et aile droite de ma voiture.

4. a. Oui, je veux bien déjeuner avec toi. – **b.** Oui, je souhaite venir seul. – **c.** Oui, j'arriverai à me libérer. – **d.** Oui, j'espère arriver à l'heure. – **e.** Non, je n'oublierai pas de réserver.

5. a. Il y a tellement de travail que je ne peux pas me libérer.
b. On est si peu nombreux que je dois travailler plus longtemps.
c. Le soir, les clients restent tellement longtemps que je ne rentre pas avant minuit.
d. Le soir, il y a tellement de monde que je ne trouve pas de taxi.

Écrits et civilisation – p. 89-90

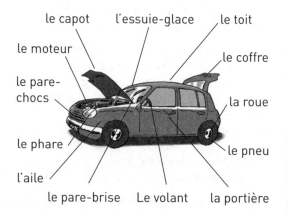

le capot   l'essuie-glace   le toit
le moteur
le coffre
le pare-chocs
la roue
le phare
le pneu
l'aile
le pare-brise   Le volant   la portière

1.

2. a. se garer/s'arrêter – **b.** reculer – **c.** freiner – **d.** rouler – **e.** éteindre – **f.** dépasser.

3. a. 4 – **b.** 3 – **c.** 2 – **d.** 3 – **e.** 5 – **f.** 1.

4. vrai : a., d., e., f., h. – **faux** : b., c., g.

Préparation au DELF A2 –
p. 91-93

Compréhension de l'oral

1. 06 59 65 27 75 ; 13 h 25 ; François ; dîner.

2. 06 25 31 98 81 ; 13 h 47 ; Sarah ; concert.

3. 06 81 92 75 75 ; 13 h 59 ; agence du Crédit agricole ; confirmation de rendez-vous.

4. 06 69 52 02 40 ; 14 h 13 ; on ne sait pas ; rencontre surprise.

5. 06 16 42 47 59 ; Philippe ; appel amical.

Compréhension des écrits

1. b – **2.** a – **3.** b – **4.** c.
5. a. infochatillon-famille@wanadoo.fr
b. infochatillon-groupe@wanadoo.fr
c. infochatillon-boutique@wanadoo.fr
d. infochatillon-accueil@wanadoo.fr.

6. a. aux familles – **b.** aux groupes – **c.** aux familles.

Production écrite

message – contente – impressionné – métier – surprise – chance – compliqué – tombés en panne – voiture de location – route – voiture de location – tombés en panne – s'améliore – emmènerons – jour le jour.

Production orale

Je me suis levé à sept heures et je me suis douché. – À sept heures et demie, j'ai pris mon petit-déjeuner puis je me suis habillé. Je suis sorti de la maison à huit heures, j'ai pris le métro et j'ai commencé ma journée de travail à huit heures et demie. À dix heures et demie, nous avons fait la pause café et à midi et demi, nous sommes allés avec les collègues déjeuner à la cantine. – J'ai repris le travail à une heure et demie jusqu'à six heures. Après le travail, j'ai fait des courses et je suis rentré à la maison vers sept heures. – Vers huit heures, j'ai dîné en regardant les infos à la télé. Après j'ai hésité entre regarder la télé, mettre un DVD ou aller surfer sur Internet. – Vers dix heures et demie onze heures, je me suis couché.

Unité 1

Leçon 1 – p. 9-10

Exercice 1

Écoutez et notez les « e » non prononcés.
a. je développerai – **b.** tu diminueras – **c.** il transportera – **d.** nous hésiterons – **e.** vous mesurerez – **f.** elles fermeront.

Exercice 2

Écoutez et distinguez les sons « an », « in » et « on ».
– Tu manges ?
– J'ai très faim.
– Maintenant ? À une heure moins vingt ?
– C'est interdit ?
– Pas exactement...
– Alors, toujours végétarien ?
– Et toi, toujours un sandwich au jambon ?
– Et un verre de blanc ?
– C'est géant !

Exercice 3

Écoutez le bulletin météo et complétez la carte.

« Demain les régions de l'est de la France connaîtront un grand beau temps qui ne durera pas : des orages sont à prévoir en soirée.
L'Ouest sera sous la pluie une bonne partie de la journée, surtout la Bretagne ; mais des éclaircies sont possibles en fi n de journée.
Le Sud-Ouest, nuageux le matin, retrouvera le soleil l'après-midi.
Les températures s'élèveront pendant la journée ; elles seront douces partout mais les côtes de la Méditerranée auront les températures les plus élevées.
23 à 26 degrés en moyenne. »

Exercice 4

Vous prenez des décisions. Continuez comme dans l'exemple.
Exemple : **a.** se lever tôt → Je me lèverai tôt.
b. arrêter de fumer → J'arrêterai de fumer.
c. manger régulièrement → Je mangerai régulièrement.
d. faire du sport → Je ferai du sport.
e. ne plus boire → Je ne boirai plus.

Leçon 2 – p. 16

Exercice 1

Complétez avec :
– « g » ou « gu » quand vous entendez [g] ;
– « c », « qu » ou « k » quand vous entendez [k].
a. Cherche conseiller compétent avec du caractère. – **b.** Cherche guide pour grand groupe. – **c.** Cherche magasin avec cartes de crédits acceptées. – **d.** Achète quatre kilos de gâteaux à la confi ture. – **e.** Cherche paquets de cigarettes au chocolat.

Exercice 2

Écoutez. Julien cherche du travail. Il se présente à l'ANPE (agence nationale pour l'emploi). Complétez sa fi che.
– Bonjour, je m'appelle Julien Rigon.
– Oui, je vais sortir votre fi che et nous allons la vérifi er et la compléter ensemble. Donc RIGON Julien... Vous habitez toujours 16 rue Méjan 13200 Arles ?
– Oui.
– Et votre téléphone, c'est toujours le numéro de portable ?
– Oui, 06 12 72 35 31.
– Vous avez une adresse Internet ?
– Oui, juri...
– Vous l'écrivez comment ?
– J-U-R-I, donc juri arobase orange. fr.

– Votre âge ?
– 27 ans.
– État civil ?
– Euh…
– Vous êtes marié ?
– Non, célibataire.
– Votre formation ?
– J'ai un CAP d'agent commercial.
– Vous parlez des langues étrangères ?
– Euh… l'anglais un peu… enfin je le comprends…
– Vous avez des centres d'intérêt particuliers en dehors du travail ?
– Oui, je fais du sport, du volley dans une équipe, je construis des maquettes de bateau, j'aime bien la house.
– La house ? C'est quoi ?
– De la musique.
– Ah d'accord… Eh bien merci, au revoir.

Exercice 3

Écoutez. Ils donnent leur opinion sur un film. Notez chaque réaction sur le schéma.
a. Je suis très accro ; allez-y vite. – **b.** C'est un joli fi lm, les acteurs jouent assez bien…. – **c.** Oui, c'est pas mal, il a fait mieux. – **d.** Non, c'est trop long, on ne s'intéresse pas vraiment à cette histoire. – **e.** À oublier et on n'en parle plus. – **f.** Ah non ! Plus jamais… mais qui peut aimer ça ?

Leçon 3 – p. 23-24

Exercice 1

Écoutez et distinguez les sons « t » et « d ».
a. Décide-toi. – **b.** Tôt ou tard. – **c.** Oublie tes doutes. – **d.** Montre tes compétences. – **e.** Découvre tes dons. – **f.** Tu dois m'écouter.

Exercice 2

Donnez des ordres à vos amis comme dans l'exemple.
Exemple : **a.** Réveillez-vous ! → Il faut que vous vous réveilliez.
b. Pierre, lève-toi ! → Il faut que tu te lèves.

c. Préparons-nous → Il faut que nous nous préparions.
d. Les enfants, habillez-vous ! → Il faut que vous vous habilliez.
e. Prenez votre petit-déjeuner. → Il faut que vous preniez votre petit-déjeuner.
f. Faites votre lit. → Il faut que vous fassiez votre lit.

Leçon 3 – p. 28-29

Exercice 1

Écoutez. Barrez ce qui n'est pas prononcé.
a Ce n'est pas grave. – **b.** Je ne l'ai pas vu. – **c.** Je viens d'arriver. – **d.** Je ne sais pas. – **e.** Je n'en sais rien. – **f.** Eh bien ! – **g.** Pas encore. – **h.** Vous aussi.

Exercice 2

Écoutez. Classez les expressions dans le tableau.
Vraiment !… – Ça alors ! – Ça ne fait rien. – Dommage ! – C'est vrai ? – Trop fort ! – Ah ! – C'est bien… – Pas mal ! – La prochaine fois, peut-être.

Exercice 3

Transformez en utilisant « qui », « que », « où ».
Accro à Internet
a. J'attends un message ; il n'est pas arrivé. → J'attends un message qui n'est pas arrivé.
b. J'ai enregistré le film ; tu as vu le film hier. → J'ai enregistré le film que tu as vu hier.
c. Je me suis connecté sur un site ; il y a beaucoup d'informations. → Je me suis connecté sur un site où il y a beaucoup d'informations.
d. J'ai téléchargé de la musique ; j'écoute cette musique tout le temps. → J'ai téléchargé de la musique que j'écoute tout le temps.
e. J'ai programmé une émission ; cette émission est très amusante. → J'ai programmé une émission qui est très amusante.

Compréhension orale
Écoutez les portraits robots et retrouvez les infos qui correspondent à chacun des portraits.

a. On nous a signalé la disparition d'un jeune homme blond, 33 ans, grand, environ 1,80 m. Il a les cheveux courts et porte des lunettes. Il porte aussi un jean noir et un tee-shirt fluo orange et des baskets style Converse.
b. Nous recherchons une jeune femme de 25 ans. Elle est grande, mince, avec les cheveux longs. Elle est habillée avec une jupe noire et une longue veste rouge. Elle porte des chaussures à talons.
c. Arthur a disparu ce matin en allant à l'école. Il est blond et il porte des petites lunettes de couleur bleue. Il est âgé de huit ans ; il portait un pantalon rouge et un sweet bleu avec le numéro « 10 » devant. Il a des tennis blanches et un sac à dos vert.
d. Perdu de vue monsieur de 80 ans. Il est de petite taille. Il a les cheveux gris blanc et des yeux verts. Il mesure environ 1,60 m. Il porte un costume gris et une grande écharpe rouge.

Unité 2

Leçon 5 – p. 38-39

Exercice 1
Écoutez les phrases. Barrez les « e » non prononcés.

• L'acteur :
Je joue... J'ai joué ... Je jouerai

• Le chanteur :
Je chante... J'ai chanté... Je chanterai

• Le directeur :
Je décide... J'ai décidé... Je déciderai

• L'élève :
Je répète... J'ai répété... Je répéterai

Exercice 3
« Savoir » ou « connaître » ? Répondez « Je sais » ou « Je connais ».

a. Où elle habite ?
Je sais où elle habite.

b. Et son adresse ?
Je connais son adresse.

c. Comment on y va ?
Je sais comment on y va.

d. À quel étage elle habite ?
Je sais à quel étage elle habite.

e. Le code de la porte ?
Je connais le code de la porte.

f. Le nom de son ami ?
Je connais le nom de son ami.

Exercice 4
Construction des verbes « se souvenir » et « se rappeler ». Répondez aux questions.

a. François, tu t'en souviens ?
Je me souviens de François.

b. Ces vacances, tu t'en souviens ?
Je me souviens de ces vacances.

c. Le nom de l'hôtel, tu te le rappelles ?
Je me rappelle le nom de l'hôtel.

d. Les matchs sur la plage, tu t'en souviens ?
Je me souviens des matchs sur la plage.

e. Les soirées au restaurant, tu te les rappelles ?
Je me rappelle les soirées au restaurant.

f. Les sorties en bateau, tu t'en souviens ?
Je me souviens des sorties en bateau.

Leçon 6 – p. 44-45

Exercice 1
Écoutez et notez.

a. Je les réserve, je le confirme.

b. Je les commande, je l'annule.

c. Je le paie ; je la loue.

d. Je le vends ; je les prête.

e. Je les échange ; je la garde.

Exercice 3

Écoutez ces instructions sur la préparation d'une tarte aux abricots.

a. Verser la préparation sur les abricots.

b. Couper les abricots en deux et enlever les noyaux.

c. Dans un bol, mettre un quart de litre de crème liquide, un œuf et du sucre.

d. Disposer une pâte dans un moule.

e. Mettre au four à thermostat 7.

f. Laisser cuire pendant 25 minutes.

g. Mélanger la crème, l'œuf et le sucre.

h. Disposer les moitiés d'abricots sur la pâte.

Exercice 4

Répondez en utilisant un pronom.

a. Tu cherches la rue Lepic ?
Oui, je la cherche.

b. Tu cherches tes amis ?
Oui, je les cherche.

c. Tu cherches des places pour le spectacle ?
Oui, j'en cherche.

d. Tu cherches un cadeau pour Louis ?
Oui, j'en cherche un.

e. Tu cherches le restaurant « L'assiette » ?
Oui, je le cherche.

f. Tu penses à ton travail ?
Oui, j'y pense.

g. Tu as préparé la randonnée ?
Oui, je l'ai préparée.

Leçon 7 – p. 51-52

Exercice 1

[u] et [y] : faites une croix quand vous entendez ces sons.

a. Tu connais *Le Tour d'écrou* ?

b. Tu as vu *Voulez-vous danser avec moi* ?

c. Tu as lu *Sur la route* ?

d. Tu as entendu la musique du film *Les Chansons d'amour* ?

e. Tu as aimé *Rue des boutiques obscures* ?

Exercice 3

Transformez le futur en conditionnel.

a. Vous pensez qu'elle viendra ?
– Oui, on m'a dit qu'elle viendrait.

b. Vous pensez qu'il sera là aussi ?
– Oui, on m'a dit qu'il serait là.

c. Vous pensez qu'ils se parleront ?
– Oui, on m'a dit qu'ils se parleraient.

d. Vous pensez qu'ils partiront ensemble ?
– Oui, on m'a dit qu'ils partiraient ensemble.

e. Vous pensez que ça finira bien ?
– Oui, on m'a dit que ça finirait bien.

Exercice 4

À partir des situations proposées, faites des phrases avec *devoir, pouvoir, vouloir, falloir.*

a. Vous êtes au restaurant, vous demandez l'addition.
→ Je pourrais avoir l'addition ?

b. Vous proposez à une amie d'aller au cinéma avec vous.
→ Tu voudrais aller au cinéma avec moi ?

c. Vous suggérez à un ami de partir tôt le lendemain matin.
→ Tu devrais partir tôt demain matin.

d. Vous devez partir en urgence : vous demandez à une collègue de vous remplacer pour la réunion.
→ Il faudrait que tu me remplaces pour la réunion.

e. Quelqu'un vous marche sur le pied dans la rue, vous lui reprochez de ne pas faire attention.
→ Vous pourriez faire attention !

Leçon 8 – p. 57-58

Exercice 1

Écoutez et distinguez.

a. En avance ? Non, en retard.

b. En marchant ? Non, en courant.

c. En pantacourt ? Non, en pantalon.

d. Pour le réveillon ? Non, pour le fest-noz.

e. Avec une dégustation ? Non, avec une commémoration.

f. Quelle drôle d'ambition !

Exercice 3

Accord, désaccord, incompréhension. Qu'est-ce qu'on exprime quand on dit :

a. Tu voudrais répéter, s'il te plaît ?

b. Qu'est-ce que tu voulais dire par là ?

c. Non, je ne pense pas.

d. Ah ! Alors là, oui...

e. Mais je n'ai jamais dit ça !

f. Ça ! Jamais !

g. Eh bien... tout rentre dans l'ordre.

h. Non, ce n'est pas ce que j'ai dit !

i. Si tu veux...

Exercice 4

Écoutez-la. Rapportez ses paroles.

a. Il fait beau.
→ Elle dit qu'il fait beau.

b. Je vais sortir.
→ Elle dit qu'elle va sortir.

c. Je t'ai appelé hier.
→ Elle dit qu'elle m'a appelé hier.

d. On peut se voir ?
→ Elle me demande si on peut se voir.

e. Tu veux faire un tennis ?
→ Elle me demande si je veux faire un tennis.

Exercice 5

Rapportez les paroles.

a. Tu veux aller au restaurant ?
→ Il me demande si je veux aller au restaurant.

b. Qu'est-ce que tu veux manger ?
→ Il me demande ce que je veux manger.

c. Quand est-ce que tu préfères y aller ?
→ Il me demande quand je préfère y aller.

d. Qui veux-tu inviter ?
→ Il me demande qui je veux inviter.

e. Fais la réservation.
→ Il me demande de faire la réservation.

Préparation au DELF A2 – p. 60

message 1

Les passagers du vol Air France AF 1235 à destination de Rio de Janeiro sont invités à se présenter à la porte D21 pour un embarquement immédiat.

message 2

Les passagers du vol Air France AF 3916 à destination de New York sont informés que l'embarquement prévu porte F25 aura lieu porte F19. Nous vous prions de bien vouloir nous excuser pour ce changement.

message 3

Les passagers du vol Air France AF 3169 à destination de Singapour sont informés que l'embarquement prévu porte B76 à 19h30 est retardé.

message 4

Les passagers du vol Air France KLM 1774 arrivant de Rome et en correspondance pour Tokyo sont invités à se présenter porte E46.

message 5

M. Fabregas, passager du vol Air France AF 6175 à destination de Mexico, est attendu au comptoir d'enregistrement immédiatement.

Unité 3

Leçon 9 – p. 67-68

Exercice 1
Différenciez. Cochez le pronom que vous entendez.

a. Tes affaires, cherche-les.

b. Ton travail, fais-le.

c. Appelle Nadia. Remercie-la.

d. Ton choix, dis-le.

e. Le cadeau pour Julien, cache-le.

f. Le garage est ouvert. Ferme-le.

g. Ces chaussures sont belles. Mets-les.

h. J'aime cette peinture. Achetons-la.

i. La fenêtre est ouverte. Ferme-la.

j. Tu as pris des notes. Rédige-les.

Exercice 3
Regardez les photos et écoutez le récit de l'exploit. Complétez les informations.

Bertrand Piccard, un médecin suisse, vient de réussir un exploit. C'est la première personne à avoir fait le tour du monde en ballon. Il a décollé d'un village de Suisse le 1er mars, a parcouru les 40 000 km du tour de la Terre et il est revenu le 21 mars à son point de départ.

Cet exploit a été précédé de deux tentatives.

En 1997, Bertrand Piccard a dû arrêter son expérience neuf jours après son départ à cause d'un problème technique.

En 1998, il n'a pas pu traverser le territoire de la Chine. Il a dû contourner ce pays et a rencontré des vents défavorables.

Aujourd'hui, Bertrand Piccard prépare un avion qui fonctionnera à l'énergie solaire et qui pourra voler de jour comme de nuit. Il prévoit de faire le tour du monde avec cet avion en 2008.

Exercice 4
Exprimez un désir comme dans l'exemple.

a. Tu viens ? J'en ai envie.
→ J'ai envie que tu viennes.

b. Tu lis ? Je le voudrais bien.
→ Je voudrais que tu lises.

c. Vous traduisez ce texte ? Je le souhaite.
→ Je souhaite que vous traduisiez ce texte.

d. Nous allons au théâtre ? J'en ai envie.
→ J'ai envie que nous allions au théâtre.

e. Tu vas réussir. Je le désire.
→ Je désire que tu réussisses.

f. Tu viens à mon anniversaire ? J'aimerais bien. → J'aimerais bien que tu viennes à mon anniversaire.

Exercice 5
Exprimez l'obligation.
Confirmez comme dans l'exemple.

Travail urgent

a. Vous devez venir.
→ Il faut que vous veniez.

b. Nous devons nous organiser.
→ Il faut que nous nous organisions.

c. Nous devons nous occuper du problème.
→ Il faut que nous nous en occupions.

d. Après, vous devez vous détendre
→ Il faut que vous vous détendiez.

e. Et vous devez vous amuser.
→ Il faut que vous vous amusiez.

Leçon 10 – p. 74-75

Exercice 1
[v] ou [f] ? Distinguez.

a. Soyez les bienvenus !

b. Je vous présente mon fils.

c. Vous avez faim ?

d. Servez-vous.

e. Faites comme chez vous.

f. C'est une vraie fête !

Exercice 3
À qui est-ce ? Répondez selon les instructions.

a. Cette valise est à vous ?
– Oui, c'est la mienne.

b. Et ce foulard, il est à vous ?
– Non, ce n'est pas le mien.

c. Ces vêtements sont à eux ?
– Oui, ce sont les leurs.

d. Et cette cravate, elle est à lui ?
– Non, ce n'est pas la sienne.

e. Et ces manteaux, ils sont à nous ?
– Oui, ce sont les nôtres.

Exercice 4
Écoutez les questions du DRH pendant l'entretien d'embauche.

1. Vous êtes célibataire, mariée ?

2. Vous savez utiliser les logiciels de traitement de l'image ?

3. Vous avez déjà eu un contrat de longue durée ?

4. Qu'est-ce qui vous passionne en dehors du travail ?

5. Vous avez quel âge ?

6. Vous maîtrisez bien l'anglais américain ?

7. Pourquoi vous n'êtes restée que deux ans dans cette entreprise ?

8. Vous avez fait trois mois chez Technimage et quatre mois chez Publidéco.

Leçon 11 – p. 81-82

Exercice 1
Écoutez et distinguez.

a. Vous jouez d'un instrument ?

b. Non, je joue au tennis.

c. Et vous avez un hobby ?

d. Moi, je fais du skate.

e. Alors vous aimez les aventures nocturnes ?

f. Oui, j'aime glisser sur la ville.

Exercice 3
**Écoutez ces répondeurs téléphoniques.
Que doit faire celui qui appelle ?**

a. Ici le service clientèle de Darty. Toutes nos lignes sont occupées. Veuillez rappeler ultérieurement.

b. Bonjour. Vous êtes bien chez Anne et Jean-luc Delcour. Nous sommes absents. Merci de nous laisser un message. Nous vous rappellerons.

c. Assurances Alma, bonjour. Pour déclarer un sinistre, tapez 1. Pour un problème de contrat, tapez 2. Pour un problème de comptabilité, tapez 3. Pour une autre question, tapez 4.

d. Ici le garage Vignot. Le garage est fermé du 1er au 25 août. Réouverture le 26 au matin.

e. Le numéro que vous demandez n'est plus attribué. Veuillez consulter l'annuaire.

Exercice 4
Exprimez l'indifférence. Répondez comme dans l'exemple.
On prépare la valise.

a. Quelle robe veux-tu prendre ?
– N'importe laquelle, celle que tu veux.

b. Quel pull veux-tu emporter ?
– N'importe lequel, celui que tu veux

c. Quelles chaussures veux-tu prendre ?
– N'importe lesquelles, celles que tu veux.

d. Quels livres voudras-tu lire ?
– N'importe lesquels, ceux que tu veux.

e. Quelle casquette voudras-tu porter ?
– N'importe laquelle, celle que tu veux.

Exercice 5
Faites des remarques superlatives.

a. C'est un bon restaurant ?
– Oui, c'est le meilleur.

b. Il est bien fréquenté ?
– Oui, c'est le mieux fréquenté.

c. La cuisine est aussi bonne qu'ailleurs ?
– Oui, c'est la meilleure cuisine.

d. Il est très cher ?
– Oui, c'est le plus cher.

e. Il est bien situé ?
– Oui, c'est le mieux situé.

Leçon 12 – p. 87-88

Exercice 1
Écoutez et répétez les phrases avec des « r ».

– Moi, j'aimerais être coiffeur.
– Et moi, garagiste. Et toi, qu'est-ce que tu voudrais devenir ?
– Moi ? Acteur. *Pierrot le Fou*, tu connais ?
– « Qu'est-ce que j'peux faire... j'sais pas quoi faire... »
– Ou alors restaurateur... c'est plus terre à terre.

Exercice 3
Écoutez le récit de l'accident. Prenez des notes.

« Figurez-vous que j'ai eu un accident de voiture. Ça s'est passé samedi dernier, le 13 avril à 19h30... J'avais pris la 207 Peugeot et je roulais sur le boulevard Victor-Hugo, tranquille. J'étais sur la file de gauche parce que j'avais l'intention de tourner à gauche, au feu, pour prendre la rue de la République... Et à ce moment-là, une voiture, une Citroën Xsara Picasso, m'a doublé sur ma droite. Elle allait à toute vitesse. Elle est venue se placer devant moi. Mais à ce moment-là, le feu est passé au rouge. La Citroën a stoppé brutalement et j'ai été obligé de freiner. Mais je n'ai pas pu l'éviter. Ma voiture a endommagé l'arrière de la Citroën et j'ai eu l'aile droite enfoncée. »

Exercice 4
Répondez en une seule phrase comme dans l'exemple.

a. Tu déjeunes avec moi ? Tu le veux bien ?
– Oui, je veux bien déjeuner avec toi.

b. Tu viendras seule ? C'est ce que tu souhaites ?
– Oui, je souhaite venir seule.

c. Tu te libéreras ? Tu y arriveras ?
– Oui, j'arriverai à me libérer.

d. Tu arriveras à l'heure, tu l'espères ?
– Oui, j'espère arriver à l'heure.

e. Et c'est toi qui réserveras, tu ne l'oublieras pas !
– Non, je n'oublierai pas de réserver.

Exercice 5
Reliez comme dans l'exemple avec « tellement ... que » ou « si ... que ».

Garçon de café

a. Il y a beaucoup de travail ; je ne peux pas me libérer.
→ Il y a tellement de travail que je ne peux pas me libérer.

b. On est peu nombreux ; je dois travailler plus longtemps.
→ On est si peu nombreux que je dois travailler plus longtemps.

c. Le soir, les clients restent tard ; je ne rentre pas avant minuit.
→ Le soir, les clients restent si tard que je ne rentre pas avant minuit.

d. Le soir, il y a beaucoup de monde ; je ne trouve pas de taxi.
→ Le soir, il y a tellement de monde que je ne trouve pas de taxi.

Préparation au DELF A2–p.91

1. message reçu aujourd'hui à 13 h 25 du 06 59 65 27 75
Ciao, Florence, c'est François, t'es libre pour dîner ce soir ?

2. message reçu aujourd'hui à 13 h 47 du 06 25 31 98 81
Salut Flo, Sarah, j'ai deux places pour le concert ce soir, tu viens ? Tu me rappelles vite.

3. message reçu aujourd'hui à 13 h 59 du 06 81 92 75 75
Agence du Crédit Agricole, madame Maréchal : votre rendez-vous de mardi à la banque est confirmé.

4. message reçu aujourd'hui à 14 h 09 du 06 69 52 02 40
T'es où ? Devine qui j'ai vu ?

5. message reçu aujourd'hui à 14 h 13 du 06 16 42 47 59
Oui, Florence, c'est Philippe, euh... non rien... je t'appelais comme ça, je suis dans le TGV, je vais passer le week-end chez ma mère... je t'embrasse... on se rappelle...

N° de projet : 10272172 - Dépôt légal : Novembre 2014
Achevé d'imprimer en Italie en Janvier 2021 par ▨ Grafica Veneta - Trebaseleghe

Sommaire

N.B. Les activités d'écoute sont signalées avec le numéro de la piste d'enregistrement sur le CD.

Vivement demain !

Vous allez apprendre à :

☑ parler du futur, faire des projets
☑ exprimer la peur
☑ rassurer quelqu'un
☑ parler de l'éducation

Travail avec les pages Interactions

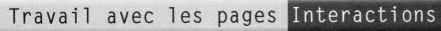

Vocabulaire

- augmentation (n.f.) _____
- cancer (n.m.) _____
- chiffre (n.m.) _____
- climat (n.m.) _____
- énergie (n.f.) _____
- évolution (n.f.) _____
- futur (n.m.) _____
- guerre (n.f.) _____
- métier (n.m.) _____
- nourriture (n.f.) _____

- opinion (n.f.) _____
- paix (n.f.) _____
- partie (n.f.) _____
- pétrole (n.m.) _____
- population (n.f.) _____
- relation (n.f.) _____
- terre (n.f.) _____
- optimiste (adj.) _____
- quotidien (adj.) _____
- riche (adj.) _____

- augmenter (v.) _____
- correspondre (v.) _____
- développer (v.) _____
- devenir (v.) _____
- diminuer (v.) _____
- hésiter (v.) _____
- transporter (v.) _____
- vivement _____

Apprenez le vocabulaire

1. Complétez avec un verbe de la liste.

augmenter – changer – devenir – diminuer – évoluer – se développer

Présent et passé

a. Depuis 50 ans, la population de Paris _____ .

b. Les quartiers de la banlieue _____ .

c. Le métro _____ . Il est plus rapide et il fait moins de bruit.

d. Le nombre de cabines téléphoniques _____ .

e. Beaucoup de restaurants ou de magasins _____ des MacDos.

f. Les modes de vie _____ .

2. Dans la liste de vocabulaire ci-dessus, trouvez les mots correspondant à ces définitions.

a. Sur la table du restaurant _____

b. Profession _____

c. On la signe après la guerre _____

d. De 1 à 9 _____

e. Il est loin d'être pauvre _____

f. On la voit de la Lune _____

g. Morceau _____

h. Richesse de l'Arabie Saoudite _____

3. Transformez les verbes en noms. Refaites les phrases comme dans l'exemple.

a. Je vous interdis d'entrer → **Interdiction d'entrer**

b. Les prix ont augmenté → _____

c. Les banlieues se sont développées → _____

d. Les aides aux chômeurs ont diminué → _____

e. On a remplacé l'entraîneur de l'équipe de football → _____

f. Vous devez travailler → _____

4. Dans le sondage « Êtes-vous optimiste face au futur », trouvez des mots sur les sujets suivants :

a. Les problèmes de santé : **guérir,** _____

b. La guerre : _____

c. La campagne : _____

Vérifiez votre compréhension

5. Observez les documents ci-dessous.

A. Identifiez-les.

a. une affiche de film _____

b. une publicité pour voyante _____

c. une affiche politique _____

d. un bulletin météo _____

e. un livre _____

f. une affiche publicitaire _____

g. une petite annonce _____

B. Retrouvez dans ces documents les mots qui expriment le futur.

Le futur : _____

C. Par quel document ces personnes peuvent-elles être intéressées ?

a. Il cherche du travail. _____

b. Elle attend un enfant. _____

c. Il veut savoir si son amie l'aime vraiment. _____

d. Elle veut se détendre.

e. Il aime réfléchir et discuter. _____

f. Elle fait de la politique. _____

g. Demain, il va faire une randonnée en montagne. _____

1

2

3

4 **Le temps demain**

5 **VELMA Voyance**
- Projets
- Sentiments
- Vie professionnelle

Appelez le **01 13 13 13**

6 FUTURA

Pour la future maman

TOUT BÉBÉ EST LÀ

7 « **Connectez-vous sur votre prochain travail**
www.ALLOJOB.com »

Travail avec les pages Ressources

Vocabulaire

• salaire (n.m.) _____   • nommer (v.) _____   • autant _____

Apprenez les conjugaisons

1. Complétez la conjugaison de ces verbes au présent.

dire	interdire	vivre
je dis	j'_____	je _____
tu _____	tu _____	tu _____
il/elle _____	il/elle _____	il/elle vit
nous disons	nous _____	nous vivons
vous dites	vous interdisez	vous _____
ils/elles _____	ils/elles _____	ils/elles _____

Rappelez-vous

La conjugaison des verbes au futur

■ Verbes en -er et beaucoup d'autres verbes :
infinitif + terminaison : -ai ; -as ; -a ; -ons ; -ez ; -ont
je parlerai   *je finirai*   *je partirai*

■ Quelques verbes très utilisés ont une conjugaison différente :
être : *je serai*   faire : *je ferai*
avoir : *j'aurai*   venir : *je viendrai*
aller : *j'irai*   pouvoir : *je pourrai*
voir : *je verrai*   il faut : *il faudra*

---

2. Complétez la conjugaison de ces verbes au futur.

Demain...

je (travailler) _____	je (faire) _____
tu (s'arrêter) _____	tu (venir) _____
il (jouer) _____	elle (aller) _____
nous (comprendre) _____	nous (être absent) _____
vous (dormir) _____	vous (avoir du temps) _____
elles (se rencontrer) _____	ils (pouvoir sortir) _____

3. Continuez au futur comme dans l'exemple.

a. Anna se marie aujourd'hui. **Léa se mariera demain.**

b. Aujourd'hui, je vais au mariage d'Anna. Demain, _____

c. Aujourd'hui, nous faisons un cadeau. Demain, _____

d. Aujourd'hui, tu danses. Demain, _____

e. Aujourd'hui, je fais un bon repas. Demain, _____

f. Aujourd'hui, Anna et son mari partent en voyage. Demain, _____

g. Aujourd'hui, ils se souviennent de leur rencontre. Demain, _____

4. Mettez les verbes au futur.

On gagnera ce marché

a. Le nouveau produit *(sortir)* _____ demain.

b. Je vous *(appeler)* _____ .

c. Vous *(aller)* _____ à Londres pour le présenter.

d. Laura *(venir)* _____ avec vous.

e. Vous *(prendre)* _____ l'Eurostar.

f. J'espère que les Anglais *(apprécier)* _____ et que nous *(avoir)* _____ ce marché.

g. Si vous réussissez, nous *(faire)* _____ la fête !

Parlez du futur

5. Mettez les verbes au futur.

Projet culturel

Le centre multimédia *(être)* _____ un lieu d'information pour tout le monde. On *(avoir)* _____

accès aux technologies d'aujourd'hui. On *(pouvoir)* _____ aussi ouvrir une adresse électronique.

Nous *(développer)* _____ le dialogue en ligne et nous *(envoyer)* _____ régulièrement une *newsletter*.

6. Mettez les verbes au futur.

Avec des « si »...

Si je passe ma thèse avec succès, je *(faire)* _____ une grande fête.

J'*(inviter)* _____ tous mes amis.

J'*(acheter)* _____ un cadeau à ma femme.

Nous *(prendre)* _____ un mois de vacances.

Nous *(partir)* _____ très loin.

J'*(oublier)* _____ tout.

7. L'homme politique fait des promesses. Continuez selon l'exemple.

a. augmenter les salaires → **nous augmenterons les salaires**

b. développer les transports en commun → _____

c. mieux utiliser les crédits → _____

d. programmer de nouveaux logements → _____

e. développer les nouvelles énergies → _____

Rappelez-vous

Pour comparer :

■ **des qualités :** plus ... que / aussi ... que / moins ... que
*Marie est **aussi** charmante **que** Sophie.*

■ **des quantités :** plus de ... que / autant de ... que / moins de ... que
*Pierre a **autant de** travail **que** Paul.*

■ **des actions :** plus que / autant que / moins que
*Marie dort **moins que** Camille.*

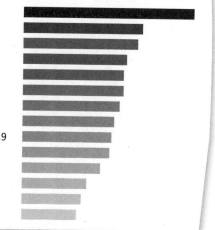

FUMEURS DE TOUS LES PAYS…
Consommation moyenne de tabac
dans l'Union européenne (en cigarettes par jour)

Grèce : 9,3
Irlande : 6,4
Espagne : 6,1
Allemagne : 5,5
Autriche : 5,4
Portugal : 5,4
France : 5,2
Italie : 5
Belgique-Luxembourg : 4,9
Royaume-Uni : 4,8
Danemark : 4,2
Pays-Bas : 3,4
Suède : 3,2
Finlande : 3

8. Complétez avec un mot de comparaison.

a. En France, on fume _____ Grèce.

b. Les Portugais fument _____ les Autrichiens.

c. Au Royaume-Uni, on fume _____ en France.

d. Les Espagnols fument _____ les Italiens

qui fument _____ les Français.

e. Les Irlandais achètent _____ de cigarettes

que les Allemands.

f. Les Finlandais achètent beaucoup _____

de cigarettes que les Grecs.

g. Les Anglais achètent presque _____

de cigarettes que les Belges.

🌐 Entraînement à l'oral

Vocabulaire

• choix (n.m.) _____

chômage (n.m.) _____

congé (n.m.) _____

contrôleur (n.m.) _____

coup (n.m.) _____

courage (n.m.) _____

création (n.f.) _____

économie (n.f.) _____

gestion (n.f.) _____

laboratoire (n.m.) _____

proposition (n.f.) _____

qualité (n.f.) _____

ressources humaines (n.f.pl.) _____

retraite (n.f.) _____

• spécialisé (adj.) _____

• déranger (v.) _____

réfléchir (v.) _____

s'inquiéter (v.) _____

• justement _____

Prononcez

1. 🌐 1 Écoutez et notez les « e » non prononcés.

a. je développerai

b. tu diminueras

c. il transportera

d. nous hésiterons

e. vous mesurerez

f. elles fermeront

2. 🌐 2 Écoutez et distinguez les sons « an » [ɑ̃], « in » [ɛ̃] et « on » [ɔ̃].

	[ɑ̃]	[ɛ̃]	[ɔ̃]
a.			
b.			
c.			
d.			
e.			

	[ɑ̃]	[ɛ̃]	[ɔ̃]
f.			
g.			
h.			
i.			

Vérifiez votre compréhension

3. ⊕3 Écoutez le bulletin météo et complétez la carte ci-dessous.

Parlez

4. ⊕4 Vous prenez des décisions.
Continuez comme dans l'exemple.

a. se lever tôt

Je me lèverai tôt.

b. arrêter de fumer

c. manger régulièrement

d. faire du sport

e. ne plus boire

Pages Écrits et Civilisation

Vocabulaire

• administration (n.f.) _____	incident (n.m.) _____	primaire (adj.) _____
avenir (n.m.) _____	ingénieur (n.m.) _____	second (adj.) _____
bourse (n.f.) _____	institut (n.m.) _____	• avancer (v.) _____
cadre (n.m.) _____	niveau (n.m.) _____	compter (v.) _____
cahier (n.m.) _____	pauvreté (n.f.) _____	couper (v.) _____
connaissance (n.f.) _____	religion (n.f.) _____	dépenser (v.) _____
difficulté (n.f.) _____	signe (n.m.) _____	étudier (v.) _____
doctorat (n.m.) _____	solution (n.f.) _____	exister (v.) _____
droit (n.m.) _____	technicien (n.m.) _____	former (v.) _____
enseignement (n.m.) _____	• final (adj.) _____	mélanger (v.) _____
étape (n.f.) _____	général (adj.) _____	respecter (v.) _____
extrait (n.m.) _____	laïque (adj.) _____	réunir (v.) _____
formation (n.f.) _____	obligatoire (adj.) _____	

Vérifiez votre compréhension

1. Lisez le texte de la page 16. Cochez les remarques qui sont justes.

a. Ce document est :

☐ un article où on raconte un événement

☐ une discussion entre plusieurs personnes

b. Ce document affirme que :

☐ l'école connaît des difficultés

☐ il faut séparer les élèves suivant leurs difficultés

☐ l'école ne doit s'occuper que des savoirs

☐ l'informatique peut aider à résoudre certains problèmes

☐ l'école doit accepter que certains ne réussissent pas

☐ on doit faire des choix dans l'utilisation des moyens

2. Retrouvez les informations correspondant à ces données chiffrées dans « L'enseignement en France », page 17.

6-16 ans : **école obligatoire pour tous**	11-15 ans : _____	34 % : _____
15% : _____	15-18 ans : _____	25 % : _____
2-6 ans : _____	70 % : _____	20 % : _____
6-11ans : _____	60 % : _____	

Écrivez

3. Vous voulez faire le voyage proposé dans le document suivant. Vous écrivez à un(e) ami(e) pour lui proposer de vous accompagner. Vous décrivez le voyage.

« Nous partirons de Paris le mardi à 13 h et... »

VOTRE SÉJOUR À TOKYO

→ **Mardi :**
départ de Paris à 13 h

→ **Mercredi :**
arrivée à Tokyo à 14 h – Installation à l'hôtel

→ **Jeudi**
– matin : promenade dans le jardin impérial
– après-midi : shopping dans le quartier de Ginza
– soir : dîner dans un restaurant traditionnel

→ **Vendredi**
– matin : visite du musée de la vie quotidienne
à l'époque Edo
– après-midi : rendez-vous à Ueno, parc des mille
cerisiers en fleurs
– soir : représentation de Théâtre No

→ **Samedi**
– matin : découverte du quartier de Ningyocho :
artisanat, poupées, kimonos
– après-midi : visite libre
– soir : retrouvailles dans le quartier jeune et
branché d'Aoyama

→ **Dimanche :**
retour à Paris

Tu as du boulot ?

Vous allez apprendre à :

☑ parler du travail et de l'entreprise
☑ chercher un emploi
☑ choisir et acheter un objet
☑ exprimer vos goûts et vos préférences

Travail avec les pages Interactions

Vocabulaire

- baguette (n.f.)

commercialisation (n.f.)

emploi (n.m.)

fabrication (n.f.)

garde (n.m.)

gardien (n.m.)

lieu (n.m.)

mémoire (n.f.)

personnel (n.m.)

plante (n.f.)

réparateur (n.m.)

sécheresse (n.f.)

société (n.f.)

téléviseur (n.m.)

vitamine (n.f.)

- ambulant (adj.)

capable (adj.)

commercial (adj.)

financier (adj.)

toxique (adj.)

- ajouter (v.)

arroser (v.)

commercialiser (v.)

conduire (v.)

diriger (v.)

manquer (v.)

observer (v.)

produire (v.)

pulvériser (v.)

ramener (v.)

s'ennuyer (v.)

se renseigner (v.)

suffire (v.)

Vérifiez votre compréhension

1. Relisez la partie « Il suffit d'y penser » du document des pages 18 et 19. Complétez le tableau.

Qui a la nouvelle idée ?	Quel problème veut-il résoudre ?	Quelle solution propose-t-il ?
a. une société américaine		
b.	On ne trouve plus de magasins dans certains villages	
c.		
d.		

Apprenez le vocabulaire

2. Faites correspondre les besoins et les secteurs d'emploi.

a. une population plus âgée

b. des métiers qui évoluent

c. une durée du travail plus courte

d. un besoin de protection plus grand

e. des produits de haute technologie

f. des besoins en logements

1. loisirs

2. formation supérieure

3. santé

4. construction de bâtiments

5. enseignement

6. sécurité

3. Voici tous les métiers qui ont été présentés dans la méthode. Classez-les dans le tableau.

poète – fermier – biologiste – magicien – gendarme – réparateur – médecin – dessinateur – coiffeur – religieux – infirmière – professeur – étudiant – présentateur – journaliste – musicien – animateur – traiteur – ingénieur – contrôleur – technicien – informaticien – serveur – réceptionniste

Métiers de la communication	Métiers des services	Métiers manuels	Métiers techniques	Métiers artistiques

4. Trouvez l'action correspondant à la profession.

a. le contrôleur : il **contrôle**

b. l'administrateur : _____

c. le directeur : _____

d. la gestionnaire : _____

e. la réparatrice : _____

f. le serveur : _____

g. l'animatrice : _____

h. la coiffeuse : _____

5. Remettez dans l'ordre les étapes de la fabrication d'une nouvelle moto.

a. Le directeur et les cadres décident de commercialiser le produit.

b. On fabrique un prototype.

c. Le produit est dans tous les magasins.

d. Les ingénieurs font un projet de nouvelle moto.

e. On fait de la publicité.

f. Les techniciens font des essais et des tests.

g. Les commerciaux présentent la nouvelle moto.

h. On améliore le projet.

Travail avec les pages Ressources

Vocabulaire

• marque (n.f.) _____

• séduisant (adj.) _____

Utilisez les pronoms

Rappelez-vous

■ On utilise **le pronom « en »** pour reprendre un nom :
– précédé de « du », « de la », « des »
J'ai acheté de la confiture. J'en ai mangé.

– précédé d'un mot de quantité
Il a beaucoup d'argent ? – Oui, il en a beaucoup !
J'ai acheté une tarte. J'en ai mangé (un morceau).

– précédé de la préposition « de »
Tu as besoin d'aide ? – J'en ai besoin.

■ On utilise **le pronom « y »** pour reprendre :
– un nom de lieu
Tu es allé au Canada ? – Oui, j'y suis allé.

– une chose ou une idée complément indirect d'un verbe précédé de la préposition « à »
Elle fait attention à son orthographe ? – Oui, elle y fait attention.

1. Répondez en employant « en ».

Chez un commerçant

a. Vous avez des chemises à fleurs ? – **Oui, j'en ai.**

b. Vous avez vu une chemise qui vous intéresse ? – Oui, _____

c. Vous faites des réductions sur ces chemises ? – Non, _____

d. Vous me donnez un billet de 500 € ! Vous n'avez pas de monnaie ? – Non, _____

e. Vous n'avez pas une carte bancaire ? – Si, _____

f. Vous avez besoin d'une facture ? – Non, _____

2. Répondez selon votre situation.

a. Vous avez une voiture ? – **Oui, j'en ai une. / Non, je n'en ai pas.**

b. Vous faites du jogging ? _____

c. Vous buvez du café ? _____

d. Vous écoutez de la musique ? _____

e. Vous mangez des glaces ? _____

f. Vous mettez des cravates ? _____

3. Répondez en employant « y ».

Au Festival

a. Tu seras au Festival ? – **Oui, j'y serai.**

b. Tu vas à la conférence de presse ? – Oui, _____

c. Luc et Nina viendront à cette conférence ? – Oui, _____

d. Vous resterez au pot après la conférence ? – Non, _____

e. Tu participeras à la manifestation de demain ? – Non, _____

f. Vous assisterez au concert ? – Oui, _____

4. Répondez selon les indications.

a. Vous pensez au problème ? – **Oui, j'y pense.**

b. Vous allez à la réunion ? – Oui, _____

c. Vous participez au déjeuner ? – Non, _____

d. Vous travaillez au projet ? – Oui, _____

e. Vous pensez au budget ? – Oui, _____

f. Vous allez à la soirée de Duval ? – Non, _____

5. Complétez avec les pronoms « en » ou « y ».

Au Grand Prix automobile de Monaco, en mai

a. Hélène va au Grand Prix de Monaco ? – **Oui, elle y va.**

b. Elle a réservé des places ? Oui, _____

c. Il y a une place pour moi. – Oui, _____

d. Vous resterez à Monaco après le Grand Prix ? – Non, _____

e. Vous avez des amis ? – Non, _____

6. Exprimez la condition en employant les expressions de la liste.

Elle pose ses conditions

a. *Lui :* On habite ensemble ? – *Elle :* **Oui, si je choisis le logement.**

b. *Lui :* On loue un appartement ? – *Elle :* _____

c. *Lui :* On aura un chien. – *Elle :* _____

d. *Lui :* J'achète un piano ? – *Elle :* _____

e. *Lui :* Nous aurons un bébé ? – *Elle :* _____

1. le sortir le soir

2. choisir le logement

3. ne pas jouer de la musique jazz

4. ne pas l'appeler Maurice ou Mauricette

5. partager le loyer

🎧 Entraînement à l'oral

Vocabulaire

• armoire (n.f.) _____	responsable (n.m.) _____	plaire (v.) _____
cosmétique (n.m.) _____	• disponible (adj.) _____	• couramment _____
entretien (n.m.) _____	exact (adj.) _____	franchement _____
exemple (n.m.) _____	nul (adj.) _____	plutôt _____
expérience (n.f.) _____	sexy (adj.) _____	
horreur (n.f.) _____	• étonner (v.) _____	

Distinguez la prononciation

1. 🕐 5 Complétez avec :
– « g » ou « gu » quand vous entendez [g] ;
– « c », « qu », « k » quand vous entendez [k].

a. Cherche _____ onseiller _____ ompétent ave_____ du _____ aractère.

b. Cherche _____ ide pour _____ rand _____ roupe.

c. Cherche ma_____ asin avec _____ artes de _____ rédits acceptées.

d. Achète _____ atre _____ ilos de _____ âteaux à la _____ onfiture.

e. Cherche pa_____ ets de ci_____ arettes au cho_____ olat.

Vérifiez votre compréhension

2. 🕐 6 Écoutez.
Julien cherche du travail.
Il se présente à l'ANPE
(agence nationale pour l'emploi).
Complétez sa fiche.

○ **Nom :** RIGON   **Prénom :** Julien

Adresse postale : _____

Téléphone : _____

Courriel : _____

○ **Âge :** _____   **État civil :** _____

Formation : _____

Expériences professionnelles : _____

Langues parlées : _____

○ **Centres d'intérêt particuliers :** _____

_____

3. 🕐 7 Écoutez. Ils donnent leur opinion sur un film. Notez chaque réaction sur le schéma.

j'ai horreur	je n'aime pas	j'aime plus ou moins	j'aime bien	j'aime beaucoup	j'adore
1	2	3	4	5	6

Pages Écrits et Civilisation

Vocabulaire

• architecture (n.f.)	moitié (n.f.)	• indépendant (adj.)
bâtiment (n.m.)	moteur (n.m.)	joint (adj.)
catégorie (n.f.)	occasion (n.f.)	minimum (adj.)
chômeur (n.m.)	pôle (n.m.)	net (adj.)
domaine (n.m.)	réalisation (n.f.)	social (adj.)
durée (n.f.)	salarié (n.m.)	• agréer (v.)
expression (n.f.)	sécurité (n.f.)	améliorer (v.)
fonctionnaire (n.m.)	sentiment (n.m.)	gérer (v.)
grève (n.f.)	soin (n.m.)	impressionner (v.)
médiathèque (n.f.)	syndicat (n.m.)	

Apprenez le vocabulaire

1. Cherchez l'intrus.

a. un directeur – un cadre – un salarié – un chef de service – un tableau

b. une demande – la sécurité sociale – un syndicat – une grève – une manifestation

c. une réalisation – une production – une création – une réaction – une invention

d. le chômage – les vacances – les congés – le week-end – la pause

e. un fonctionnaire – un policier – un professeur – un gendarme – un médecin

2. Trouvez le mot d'après la définition (dans la liste de vocabulaire ci-dessus).

a. Il ne trouve pas de travail

b. Il fait des projets d'immeubles

c. Il fait marcher la voiture

d. Un demi

e. Ils défendent les salariés

f. Faire mieux

g. On y trouve des livres, des films, des disques, etc.

Vérifiez votre compréhension

3. Dans la lettre de la page 24, repérez les informations suivantes :

a. la formule de début :

b. la formule de fin de lettre :

c. les informations sur les études :

d. l'expérience professionnelle :

e. la demande (les souhaits) :

f. les raisons de la candidature :

g. les qualités qui font la différence :

h. les remerciements :

4. Lisez ces petites annonces dans la rubrique « Emplois » d'un journal et complétez le tableau.

Type d'annonce	Auteur de l'annonce	Type d'emploi	Précisions (temps, compétences, etc.)
a. offre	étudiante	enseignement de l'espagnol	vacances scolaires
b.			
c.			
d.			
e.			
f.			
g.			

Vacances scolaires
ÉTUDIANTE, bilingue espagnol–français
donne COURS D'ESPAGNOL
tél : 06 13 45 39 15

tél : 06 13 45 39 15
tél : 06 13 45 39 15
tél : 06 13 45 39 15
tél : 06 13 45 39 15
tél : 06 13 45 39 15
tél : 06 13 45 39 15
tél : 06 13 45 39 15
tél : 06 13 45 39 15
tél : 06 13 45 39 15
tél : 06 13 45 39 15

a

TRADUCTRICE TRILINGUE ALLEMAND/ESPAGNOL

cherche des traductions techniques,
commerciales ou d'intérêt général
Bonnes qualités rédactionnelles ;
maîtrise des outils informatiques ;
travail à distance.

Écrire journal TL 053

b

Maison du Tourisme de Colmar

cherche GUIDE
niveau BTS Tourisme avec une solide
formation en histoire de l'art

➡ Vous avez le goût de la rencontre
avec le public et vous vous exprimez
facilement.
➡ Trois langues exigées

Écrire à :
Madame la Directrice
de la Maison du Tourisme de Colmar
68000 Colmar cedex

c

Laboratoire médical cherche

CHEF DE PRODUIT

De formation supérieure,
il aura à orienter les choix stratégiques
et à diriger une équipe de dix personnes

Adresser CV, photo et lettre au journal
sous la réf. LM0205

d

Musicien professionnel
donne cours de piano
dans la journée
Tél. 06 42 88 01 83

e

Cherche délégué commercial

➡ Vous avez un **BTS de commerce
international** et une **formation
en langues étrangères appliquées.**
➡ Vous maîtrisez trois langues
et vous aimez voyager.

Envoyez CV et lettre à :
procom@procom.com

f

VOUS CHERCHEZ UN PHOTOGRAPHE

✓ **événements familiaux**
✓ **reportages d'entreprises**
✓ **communication**
✓ **tourisme**

**www. lucasprint.com
ou 06 93 13 69 75**

g

Qu'en pensez-vous ?

Vous allez apprendre à :

☑ parler des événements de la vie politique

☑ lire un bref article de presse d'information

☑ juger un fait, interdire, demander une autorisation

Travail avec les pages Interactions

Vocabulaire

• canon (n.m.)

chasseur (n.m.)

cloche (n.f.)

colère (n.f.)

fumée (n.f.)

gilet (n.m.)

inconscience (n.f.)

juge (n.m.)

mère (n.f.)

mur (n.m.)

outil (n.m.)

portrait (n.m.)

procès (n.m.)

randonneur (n.m.)

récréation (n.f.)

règle (n.f.)

vache (n.f.)

victime (n.f.)

• couvert (adj.)

local (adj.)

• accuser (v.)

autoriser (v.)

défendre (v.)

garder (v.)

imiter (v.)

peindre (v.)

transformer (v.)

Vérifiez votre compréhension

1. Lisez les documents des pages 26 et 27. Complétez le tableau.

Documents	Que veut-on interdire ?	Pourquoi ?
Chasseurs contre photographes		
Des vaches...		
Interdit de fumer ?		
Irresponsable...		

2. Dans les quatre articles, relevez des expressions qui expriment un sentiment ou une opinion.

Sentiments	Opinions
Le maire et une partie de la population ont peur que...	Les photographes pensent que...

Apprenez le vocabulaire

3. Complétez avec un verbe qui exprime une opinion.

être sûr que... – imaginer – penser – préciser – trouver – proposer

Avant la réunion

a. Kevin Ducros a une heure de retard. Je _____ qu'il ne viendra pas.

b. J'_____ qu'il a une bonne excuse.

c. Il n'a pas téléphoné. Je _____ que ce n'est pas sympa.

d. Je _____ de commencer la réunion sans lui.

e. Attendons un peu. Je _____ qu'il va arriver.

f. Je _____ que la réunion devait commencer il y a plus d'une heure.

4. Ils donnent leur jugement. Indiquez s'ils sont pour (P) ou contre (C) l'accusé.

a. Je le crois responsable. C

b. Je regrette qu'on le condamne. _____

c. Je refuse sa défense. _____

d. Je pense qu'il a dit la vérité. _____

e. Les gens qui le défendent ont raison. _____

f. Je dis qu'il est en faute _____

g. Je crois en lui. _____

h. Je suis sûre qu'il a tort. _____

i. Je suis d'accord avec son avocat. _____

5. Lisez les documents. Dites ce qu'ils expriment.

a. un doute _____

b. une revendication _____

c. un souhait

d. une protestation _____

e. un jugement _____

> *Nous demandons à être présents à toutes les réunions avec la direction et nous réclamons une meilleure écoute.*
>
> 3

NON AUX IMPÔTS PLUS LOURDS

1

> On est séduit par le travail de l'artiste sur la lumière.
>
> 4

> Je souhaite que les réceptionnistes soient particulièrement accueillants avec les clients qui ne connaissent pas notre nouvelle organisation.
>
> 2

> En conclusion, je ne suis pas sûr que ce livre soit pour notre collection « Grand Public ». Peut-être pour « Jeunes Talents »... À voir.
>
> 5

6. Écrivez la signification de ces panneaux.

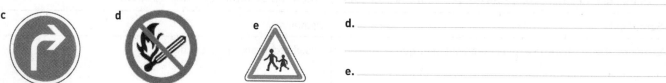

a. _____

b. _____

c. _____

d. _____

e. _____

Travail avec les pages Ressources

Vocabulaire

• élection (n.f.) _____

gramme (n.m.) _____

insécurité (n.f.) _____

piste (n.f.) _____

poids (n.m.) _____

policier (n.m.) _____

• municipal (adj.) _____

• peser (v.) _____

recruter (v.) _____

voter (v.) _____

• seulement _____

Apprenez la conjugaison du subjonctif

Rappelez-vous

1. Formation du subjonctif présent : radical + terminaison

■ radical : d'après l'infinitif sauf pour certains verbes très courants (*avoir, être, aller*, etc.)

■ terminaisons :
– 1re, 2e, 3e personnes du singulier et 3e personne du pluriel → -e ; -es ; -e ; -ent *(comme au présent de l'indicatif)*
– 1e et 2e personnes du pluriel → -ions ; -iez *(comme à l'imparfait de l'indicatif)*
Il faut que je travaille, tu travailles, il/elle travaille, nous travaillions, vous travailliez, ils/elles travaillent.

2. Emploi du subjonctif : après certains verbes exprimant :

■ la volonté ou l'obligation : *Je veux que tu finisses. Il faut que je parte.*

■ une préférence : *Je préfère que nous allions au cinéma.*

■ certains sentiments : *Je regrette qu'il soit malade.*

1. **Mettez les verbes au subjonctif.**

a. Il faut que je (*sortir*) _____

qu'elle (*marcher*) _____

que vous (*se promener*) _____

que tu (*faire du sport*) _____

que nous (*se détendre*) _____

qu' ils (*dormir bien*) _____

b. Je voudrais que tu (*écouter*) _____

que nous (*écrire*) _____

qu'elles (*faire les exercices*) _____

qu'il (*lire*) _____

c. Je regrette que tu (*être en retard*) _____

que nous (*ne pas avoir le temps*) _____

que vous (*perdre du temps*) _____

qu'elles (*être fatigué*) _____

2. Reformulez les phrases comme dans l'exemple.

Partage des tâches

J'ai beaucoup de travail ce samedi matin…

a. Moi, je dois faire les courses. → **Il faut que je fasse les courses.**

b. Toi, Philippe, tu dois aller laver la voiture. → _____

c. Tu dois aussi prendre de l'essence. → _____

d. Les enfants, vous devez ranger votre chambre. → _____

e. Nous devons être prêts à 14 h. → _____

f. Nos amis ne doivent pas nous attendre. → _____

3. Confirmez comme dans l'exemple.

Avant l'examen

a. Je dois réussir cet examen. Il le faut. → Il faut que **je réussisse.**

b. Je dois avoir un bon sujet. → Il faut que _____

c. Les tests seront difficiles. J'en ai peur. → J'ai peur que _____

d. Est-ce que le jury sera sympathique ? Je le souhaite. → Je souhaite que _____

e. Mme Duval sera peut-être dans le jury. J'en ai envie. → J'ai envie que _____

f. Tu ne viendras pas. Je préfère. → Je préfère que _____

4. Mettez les verbes à la forme qui convient.

Petites différences entre amis

a. Tu as envie qu'on (*se voir*) _____ ?

b. Oui, je souhaite que tu (*venir*) _____ .

c. Mais tu sais, je déteste (*attendre*) _____ .

d. Moi, j'adore que tu (*m'attendre*) _____ .

e. Et moi, j'ai horreur que tu (*être en retard*) _____ .

f. Il faut que tu (*comprendre*) _____ .

5. Transformez : faites de ces deux phrases une seule phrase.

Jalousie

a. elle est là tout le temps ; il en a envie → **Il a envie qu'elle soit là tout le temps.**

b. il vient ce week-end ; elle n'en a pas envie → _____

c. elle met de beaux vêtements ; il adore → _____

d. il boit de l'eau ; elle préfère → _____

e. elle part seule ; ça l'étonne → _____

f. elle choisit un autre partenaire ; il a peur → _____

6. Répondez en utilisant les constructions « ne … que » ou « seulement ».

Elle n'aime pas le changement

a. Tu vas toujours en vacances en Bretagne ? – **Je ne vais qu'en Bretagne.**

– **Je vais seulement en Bretagne.**

b. Tu loges toujours à l'hôtel du Port ? – _____

c. Tu manges toujours du poisson ? – _____

d. Tu bois toujours du cidre ? – _____

e. Tu aimes toujours les endroits tranquilles ? – _____

f. Tu fais toujours du bateau ? – _____

7. **Répondez comme dans l'exemple.**

Une fille difficile

a. Est-ce qu'elle boit autre chose que de l'eau ? → Non, **elle ne boit que de l'eau.**

b. Est-ce qu'elle mange autre chose que des yaourts ? → Non, _____

c. Est-ce qu'elle lit autre chose que des romans policiers ? → Non, _____

d. Est-ce qu'elle fait un autre sport que le tennis ? → Non, _____

e. Est-ce qu'elle écoute autre chose que Beethoven ? → Non, _____

Vérifiez votre compréhension

8. **Relisez ou réécoutez l'histoire « Les parfums de Laura ». Dites si les phrases suivantes sont vraies ou fausses.**

	vrai	faux
a. Laura est installée à Grasse.	☐	☐
b. Laura et Tarek ont un bébé.	☐	☐
c. Laura a créé son entreprise.	☐	☐
d. L'entreprise marche très bien.	☐	☐
e. Laura a du temps libre.	☐	☐
f. Laura a un projet de livre original.	☐	☐
g. Laura et Tarek gagnent beaucoup d'argent.	☐	☐

🎧 Entraînement à l'oral

Vocabulaire

- autorisation (n.f.) _____ prototype (n.m.) _____ secteur (n.m.) _____

hirondelle (n.f.) _____ reportage (n.m.) _____ • extraordinaire (adj.) _____

parfumerie (n.f.) _____ révolution (n.f.) _____ • loger (v.) _____

Prononcez

1. 🎧 8 **Écoutez et distinguez les sons « t » et « d ».**

	[t]	[d]
a.		
b.		
c.		
d.		
e.		
f.		

Parlez

2. 🕐 **9** Donnez des ordres à vos amis comme dans l'exemple.

a. Réveillez-vous ! → Il faut que vous vous réveilliez.

b. Pierre, lève-toi ! → _____

c. Préparons-nous → _____

d. Les enfants, habillez-vous ! → _____

e. Prenez votre petit déjeuner. → _____

f. Faites votre lit. → _____

Pages Écrits et Civilisation

Vocabulaire

candidat (n.m.) _____

député (n.m.) _____

éducation (n.f.) _____

finance (n.f.) _____

gouvernement (n.m.) _____

liste (n.f.) _____

loi (n.f.) _____

majorité (n.f.) _____

ministre (n.m.) _____

parti (n.m.) _____

pouvoir (n.m.) _____

préfet (n.m.) _____

président (n.m.) _____

province (n.f.) _____

union (n.f.) _____

voix (n.f.) _____

• communiste (adj.) _____

présidentiel (adj.) _____

socialiste (adj.) _____

• administrer (v.) _____

diviser (v.) _____

élire (v.) _____

regrouper (v.) _____

succéder (v.) _____

• outre-mer _____

Vérifiez votre compréhension

1. Lisez le document « Entrée en politique », page 32. Retrouvez :

a. le nombre total de départements français → _____

b. le nombre de départements d'outre-mer → _____

c. le nombre de régions → _____

d. la date de la Révolution française → _____

e. la date de création des régions → _____

2. Qu'est-ce qu'ils font ? Complétez avec un mot de la liste.

élire – choisir – nommer – représenter – diriger

a. Le Président _____ le Premier ministre.

b. Le Premier ministre _____ les ministres.

c. Le Parlement _____ la nation.

d. Les électeurs _____ les députés.

e. Le Conseil régional _____ la région.

C'est tout un programme !

Vous allez apprendre à :

☑ lire un programme de télévision et choisir une émission
☑ lire la presse
☑ raconter une petite histoire
☑ donner des instructions

Travail avec les pages Interactions

Vocabulaire

• automobile (n.f.)	interview (n.f.)	talent (n.m.)
bourse (n.f.)	météo (n.f.)	télécommande (n.f.)
chaîne (n.f.)	meurtre (n.m.)	• familier (adj.)
chance (n.f.)	moto (n.f.)	littéraire (adj.)
débat (n.m.)	mystère (n.m.)	typique (adj.)
dessin animé (n.m.)	scène (n.f.)	• cohabiter (v.)
direction (n.f.)	sélection (n.f.)	enquêter (v.)
échappée (n.f.)	série (n.f.)	moderniser (v.)
escroc (n.m.)	sommaire (n.m.)	rapporter (v.)
événement (n.m.)	spécialiste (n.m.)	zapper (v.)
information (n.f.)	suite (n.f.)	

Vérifiez votre compréhension

1. Lisez le document des pages 34 et 35. Reliez le titre et le sujet de l'émission.

a. La grande librairie
b. C politique
c. M6 music et absolument stars
d. Arrêt sur images
e. Trente millions d'amis
f. La cuisine des terroirs
g. Capital
h. Téléfoot

1. la télévision
2. les animaux
3. l'actualité
4. l'économie
5. les livres
6. le sport
7. la chanson
8. la gastronomie

2. Certains titres des émissions du programme évoquent des titres de livres, de journaux, de films, de chansons. Trouvez l'émission correspondant à ces titres.

a. *Échappement libre* (1964) ; film de Jean Becker avec Jean-Paul Belmondo, Jean Seberg →

b. *La Cuisine au beurre* (1963) ; film de Gilles Grangier avec Bourvil et Fernandel → _____

c. *Vivement Dimanche* (1983) ; film de François Truffaut avec Fanny Ardant et Jean-Louis Trintignant → _____

d. *La bibliothèque de Babel* (J.L Borgès) dans *Fictions* (1944) → _____

e. Films : *L'ange....* de la rue (Borzage), *....* de la vengeance (Ferrara), *.....* de la violence (Frankenheimer), *...* des maudits (Lang)
→ _____

Apprenez le vocabulaire

3. Complétez avec un verbe de la liste.

analyser – animer – commenter – enquêter – interviewer – présenter – raconter

a. Dans l'émission « Music et star », l'animateur _____ la nouvelle star du rock français.

b. C'est Vincente Lizzarazu qui _____ le match de football Brésil-France.

c. Dans l'émission « C politique », des spécialistes _____ la politique française.

d. Dans « Faites entrer l'accusé », les journalistes _____ sur une grande affaire criminelle.

e. C'est Harry Roselmack qui _____ le « Sept à Huit » sur TF1.

f. Jean-Pierre Foucault _____ le célèbre jeu « Qui veut gagner des millions ? ».

g. La série « Les experts, Manhattan » _____ les enquêtes de la police scientifique de New York.

4. Trouvez les noms correspondant aux verbes de l'exercice 3.

a. analyser → une analyse

b. animer → _____

c. commenter → _____

d. enquêter → _____

e. interviewer → _____

f. présenter → _____

g. raconter → _____

Travail avec les pages Ressources

Vocabulaire

• comédien (n.m.) _____
• doucement
rapidement

Utilisez les constructions relatives

1. Reliez les deux phrases en utilisant un pronom relatif *(qui, que, où)*.

Dans le courrier des lecteurs du magazine TV

a. J'ai vu l'émission « La grande librairie ». Elle m'a beaucoup plus.

_____

b. J'ai regardé « Échappées belles ». J'ai appris beaucoup de choses sur l'île de la Réunion.

_____

c. Je regarde chaque semaine l'émission « J'ai rendez-vous avec vous ». Elle donne la parole aux gens de la rue.

_____

d. J'aime bien l'émission « Trente millions d'amis ». Je ne la manque jamais.

_____

e. Je suis gourmande, je suis accro à « La cuisine des terroirs ». On y propose toujours de nouvelles recettes.

_____

f. « Téléfoot » est une très bonne émission sur le football. Je la regarde chaque semaine.

_____

2. Complétez avec « qui », « que », « où »...

La Provence

a. La Provence est une région _____ il fait bon vivre.

b. C'est une région _____ séduit les touristes.

c. Aix-en-Provence avec son Festival est la ville _____ visitent les amateurs de musique du monde entier.

d. Connaissez-vous la ville _____ se déroule une extraordinaire partie de cartes ? Marseille bien sûr !

e. Jean Giono et Marcel Pagnol sont deux écrivains _____ ont rendu célèbre la région.

f. La Provence a été peinte par des peintres _____ l'on admire beaucoup : Cézanne, Van Gogh...

3. Caractérisez avec une proposition relative. Transformez selon le modèle.

a. _La Dame avec un fusil et des lunettes noires_ → **La Dame qui a un fusil et des lunettes noires**

b. _Le Garçon aux cheveux verts_ → _____

c. _L'homme à l'oreille cassée_ → _____

d. _La Fille à la valise_ → _____

e. _La Femme aux deux visages_ → _____

4. Conseillez comme dans l'exemple.

a. La Bourgogne est une belle région. Visitez-la ! → **Visitez la Bourgogne qui est une belle région.**

b. Dijon est une belle ville. Allez la voir. → _____

c. Le bœuf bourguignon est un très bon plat. Goûtez-le. → _____

d. Patricia Kaas chante à Beaune. Allez l'écouter → _____

5. Répondez en choisissant la deuxième possibilité.

a. Vous étudiez le chinois ou le français ? → **C'est le français que j'étudie.**

b. Vous allez en France ou en Belgique ? → _____

c. Vous cherchez une chambre ou un studio ? → _____

d. Vous suivez des cours à l'université ou au centre culturel ? → _____

e. Vous préférez le vin ou la bière ? → _____

Caractérisez les actions

6. Placez l'adverbe.

Quelle journée !

a. Nous avons travaillé (_beaucoup_). → _____

b. Nous avons développé le projet (_très bien_). → _____

c. Nous avons pris les bonnes décisions (_rapidement_). → _____

d. Nous avons avancé dans les recherches (_bien_). → _____

e. Nous sommes contents du résultat (_assez_). → _____

f. Nous sommes sortis du bureau (_très tard_). → _____

7. Caractérisez les actions avec «en + participe présent ».

Habitudes

a. Ils dînent. En même temps, ils regardent la télévision. → **Ils dînent en regardant la télévision.**

b. Je travaille. En même temps, j'écoute de la musique. → _____

c. Elle zappe. En même temps, elle téléphone. → _____

d. Il est au travail en cinq minutes. C'est parce qu'il passe par le centre-ville. → _____

e. Il a eu le poste de directeur. C'est parce qu'il a beaucoup travaillé. → _____

f. Il a gagné beaucoup d'argent. C'est parce qu'il a joué au Loto. → _____

Vérifiez votre compréhension

8. Lisez ou réécoutez l'histoire « Les parfums de Laura ». Répondez à ces questions.

a. Pourquoi Laura est-elle passée à la télévision ? – _____

b. Est-ce qu'elle est à l'aise avant l'émission ? – _____

c. Est-ce qu'on parle de l'émission dans les journaux ? – _____

d. Où va Laura à la fin de l'histoire ? – _____

e. Qui est M. Andriavolo ? – _____

f. Quelle histoire raconte-t-il ? – _____

⊕ Entraînement à l'oral

Vocabulaire

• article (n.m.)	plantation (n.f.)	descendre (v.)
baobab (n.m.)	plateau (n.m.)	étonner (v.)
branche (n.f.)	producteur (n.m.)	lever (v.)
commencement (n.m.)	racine (n.f.)	planter (v.)
dieu (n.m.)	toast (n.m.)	punir (v.)
escalier (n.m.)	• fort (adj.)	sentir (v.)
feuille (n.f.)	formidable (adj.)	sourire (v.)
fleur (n.f.)	orgueilleux (adj.)	• à l'envers
honneur (n.m.)	• admirer (v.)	vers
invention (n.f.)	arracher (v.)	

Prononcez et distinguez

1. ⊕ **10** Écoutez. Barrez ce qui n'est pas prononcé.

a. ce n'est pas grave

b. je ne l'ai pas vu

c. je viens d'arriver

d. je ne sais pas

e. je n'en sais rien

f. eh bien

g. pas encore

h. vous aussi

2. ⊕ 11 Écoutez. Classez les expressions dans le tableau.

	surprise	satisfaction	déception
Vraiment !....			
Ça alors !			
Ça ne fait rien.			
Dommage !			
C'est vrai ?			
Trop fort !			
Ah ! C'est bien...			
Pas mal !			
La prochaine fois, peut-être.			

Parlez

3. ⊕ 12 Transformez en utilisant « qui », « que », « où ».

Accro à Internet

a. J'attends un message ; il n'est pas arrivé.

→ **J'attends un message qui n'est pas arrivé.**

b. J'ai enregistré le film ; tu as vu le film hier.

→ _____

c. Je me suis connecté sur un site ; il y a beaucoup d'informations.

→ _____

d. J'ai téléchargé de la musique ; j'écoute cette musique tout le temps.

→ _____

e. J'ai programmé une émission ; cette émission est très amusante.

→ _____

Pages Écrits et Civilisation

Vocabulaire

• baisse (n.f.) _____

commissaire (n.m.) _____

contrat (n.m.) _____

culture (n.f.) _____

épreuve (n.f.) _____

erreur (n.m.) _____

exposition (n.f.) _____

gouverneur (n.m.) _____

intérêt (n.m.) _____

page (n.f.) _____

participant (n.m.) _____

restauration (n.f.) _____

simplicité (n.f.) _____

titre (n.m.) _____

• essentiel (adj.) _____

féminin (adj.) _____

présent (adj.) _____

• apprécier (v.) _____

comparer (v.) _____

exploiter (v.) _____

informer (v.) _____

servir (v.) _____

• ensuite _____

Vérifiez votre compréhension

1. Lisez les articles de la page 40. Dites si ces informations sont vraies ou fausses.

	vrai	faux
a. Le nouvel Airbus dépense moins de carburant que son prédécesseur.	☐	☐
b. Un Américain a donné 100 000 dollars pour la restauration de l'église d'Aurignac.	☐	☐
c. L'exposition Edward Hopper a été l'exposition la plus visitée du Grand Palais.		
d. Abel Mutai a gagné le cross-country de Burgala.	☐	☐
e. L'Espagnol Anaya s'est arrêté 10 mètres avant la ligne d'arrivée.	☐	☐
f. Le contrat avec Lion Air représente une perte de 5 000 emplois sur dix ans.	☐	☐
g. Les Français ont une passion pour la culture américaine.	☐	☐

2. Lisez le texte « Comment les Français s'informent », page 41. Caractérisez ces quotidiens.

a. *Le Figaro* : _____

b. *Le Monde*: _____

c. *Libération* : _____

d. *Aujourd'hui en France* : _____

e. *Le Canard enchaîné* : _____

f. *L'Équipe* : _____

3. Voici des titres : identifiez le type de magazine.

a. *Télé 7 Jours* : _____   **d.** *L'Express* : _____

b. *Marianne* : _____   **e.** *Le Monde* : _____

c. *Midi Libre* : _____

4. Voici quelques brèves de presse. Lisez-les et complétez le tableau.

3

La Fête de la musique… en silence

Comme chaque année, le 21 juin annonce en fanfare l'été avec la Fête de la musique. Un programme varié et partagé partout en France jusqu'à se demander ce que serait un monde sans musique. « Aujourd'hui la musique se consomme au lieu de s'écouter, constate Christian Olivier, le chanteur du groupe Têtes raides. Je propose donc de faire une pause silence afin de s'interroger sur la place de la musique. Car le silence en fait aussi partie. »

D'après *Contact*, le magazine des adhérents de la FNAC.

1

Charters célestes

Depuis le début de septembre 2007, le Vatican propose aux pèlerins des vols Rome-Lourdes à prix réduit dans des avions blanc et jaune aux couleurs du Saint-Siège. Avec à l'intérieur des sièges décorés d'inscriptions religieuses. Près de 150 millions de personnes font du tourisme religieux et 8 millions vont à Lourdes. En 2008, de nouveaux vols directs iront à Saint-Jacques de Compostelle, Fatima et Jérusalem.

COURS DE ROCK'N'ROLL AU CE1

Rentrée des classes 2007 en forme de point d'interrogation : qu'attendre de l'école… Fini l'apprentissage, bonjour l'animation, constate en colère Natacha Tatu, finies les bases solides, l'écriture lisible et les cahiers bien tenus et place à la danse contemporaine avec cahiers consacrés aux chorégraphes, analyse de spectacles et sorties pour assister aux spectacles d'amateur… Et tout ça au nom « d'une pédagogie du projet qui met l'élève dans une dynamique concrète », écrit Jean-Claude Lallia, professeur à l'IUFM de Créteil.

D'après *Le Nouvel Observateur*.

2

Régime municipal

À Varallo, petite ville de Lombardie, en Italie, les habitants peuvent devenir riches en maigrissant. S'ils perdent 4 kilos en un mois, ils reçoivent 50 euros et si, après trois mois, ils n'ont pas repris de poids, ils toucheront 300 euros. Et 500 euros après un an. On a trouvé une dizaine de candidats pour l'instant.

4

	1	2	3	4
Où se passe l'événement ?				
Quand ?				
Que s'est-il passé ?				
Quels sont les acteurs ?				

• Compréhension orale

🔊 **13** Écoutez les portraits robots et retrouvez les infos qui correspondent à chacun des portraits.

	âge	taille	yeux	cheveux	habits	chaussures	signes particuliers
Jeune homme							
Jeune femme							
Arthur							
Vieux monsieur							

• Production orale

Observez ces répliques. À quelles situations peuvent-elles correspondre ?

	demande	conflit	problème
a. Je ne pense pas.			
b. Pouvez-vous m'expliquer ?			
c. Vous croyez vraiment que c'est possible ?			
d. J'aimerais savoir si…			
e. Qu'est-ce que vous proposez ?			
f. Je ne suis pas d'accord avec cet argument.			
g. Je crois que vous vous trompez.			
h. C'est difficile à savoir…			
i. Vous comprenez ça comme ça ?			
j. Ça m'étonnerait.			
k. Vous ne trouvez pas que…			
l. On ne peut pas dire ça comme vous le présentez.			

• Compréhension écrite

Lisez les titres et trouvez la rubrique qui convient.

a. **LAURE NAGE SUR L'OR**

b. **LA FRANCOPHONIE S'INVITE AU SALON DU LIVRE**

c. **Fête de la musique. TOUT LE MONDE DANS LA RUE**

d. **AUDREY TAUTOU POUR DÉCHIFFRER LE DA VINCI CODE**

e. **RENTRÉE SCOLAIRE : OÙ VA L'ÉCOLE ?**

f. **ÉNERGIE : LE SOLAIRE SE PORTE BIEN**

g. **Vacances. UN TIERS DES FRANÇAIS CHOISISSENT LA MONTAGNE**

h. **AIR : UN NOUVEAU DISQUE QUI PLANE**

i. **UNE MAJORITÉ POUR LE PRÉSIDENT**

	a.	b.	c.	d.	e.	f.	g.	h.	i.
Environnement									
Musique									
Livre									
Politique									
Société									
Sport									
Cinéma									

• Production écrite

Rédigez votre CV.

Nom : _____   Prénom : _____

Adresse : _____

_____

N° de téléphone : _____

Courriel : _____

Âge : _____

État civil : _____

Formation : _____

_____

_____

_____

_____

Expériences professionnelles : _____

_____

_____

_____

_____

_____

Langues (niveau : parlé - compris) : _____

Sports pratiqués : _____

On se retrouve

Vous allez apprendre à :

☑ demander et donner des nouvelles de quelqu'un

☑ écrire des lettres ou messages de prise de contact

☑ employer et conjuguer les quatre temps de l'indicatif

Travail avec les pages Interactions

Vocabulaire

• bagage (n.m.)	test (n.m.)	• baisser (v.)
construction (n.f.)	traduction (n.f.)	balbutier (v.)
explication (n.f.)	• auditif (adj.)	emporter (v.)
lendemain (n.m.)	dépendant (adj.)	illuminer (v.)
maximum (n.m.)	proche (adj./n.)	jeter (se) (à l'eau) (v.)
orthographe (n.f.)	réfléchi (adj.)	retenir (v.)
renseignement (n.m.)	sonore (adj.)	• aise (à l') (expr.)
reporter (n.m.)	spontané (adj.)	même

1. Apprenez le vocabulaire. Trouvez l'intrus. Dites pourquoi le mot est intrus.

a. un jeu de rôle – une étude de texte – un test – **un diplôme**. → **Ce n'est pas une activité de la classe.**

b. un roman – un cahier – un dictionnaire – un guide touristique. → _____

c. l'Internet – les jeux vidéo – la poésie – la wi fi. → _____

d. la science – la grammaire – le vocabulaire – l'orthographe. → _____

e. une explication – une expression – une traduction – un exercice. → _____

2. Trouvez le verbe correspondant au nom.

a. la validation → **valider**

b. l'explication → _____

c. la transcription → _____

d. la connaissance → _____

e. le savoir → _____

f. la demande → _____

g. la traduction → _____

3. Complétez avec un mot de la liste.

l'explication – l'étude – le dossier – la connaissance – l'analyse.

a. Passez-moi _____ de cette affaire.

b. J'aimerais connaître votre _____ de la situation.

c. Quelles _____ donnez-vous de ce phénomène ?

d. Existe-t-il d'autres _____ sur le sujet ?

e. Non, pas à ma _____ .

4. Complétez l'expression imagée avec un verbe de la liste.

apprendre – comprendre – écrire – se jeter – lire – traduire.

a. Elle avait peur de participer au débat. Puis elle **s'est jetée** à l'eau.

b. En signant les accords de coopération, les deux présidents ont _____ une page de l'histoire.

c. Ma collègue ne m'aime pas. Je peux le _____ dans ses pensées.

d. Marie et moi, on n'a pas besoin de se parler beaucoup. On se _____ à demi-mot.

e. Louis est bavard en classe. Le professeur l'a puni. Ça lui _____ à vivre.

f. Le poème d'Apollinaire « Le pont Mirabeau » _____ les sentiments de regrets et de tristesse du poète.

5. Trouvez le substantif.

a. Il est spontané. J'aime sa _____ .

b. Elle est réfléchie. Avant d'agir, elle fait preuve de _____ .

c. Il est indépendant. Très jeune, il a voulu avoir son _____ .

d. Elle est curieuse. Sa _____ est quelquefois gênante.

e. Il est charmant. Toutes les femmes trouvent qu'il a du _____ .

Travail avec les pages Ressources

Vocabulaire

• leçon (n.f.) _____ • promettre (v.) _____

1. Révisez les conjugaisons. Mettez les verbes à la forme qui convient.

	Présent	Imparfait	Futur
Donner	Je _____ Tu _____	Il _____ Nous _____	Vous _____ Ils _____
Retenir	Elle _____ Nous _____	Vous _____ Elles _____	Je _____ Tu _____
Comprendre	Vous _____ Ils _____	Je _____ Tu _____	Il _____ Nous _____
Finir	Je _____ Tu _____	Elle _____ Nous _____	Vous _____ Elles _____

Rappelez-vous

La conjugaison des verbes au présent

• Un seul radical	→ parler
• Un radical pour « je », « tu », « il », « ils » Un radical pour « nous », « vous »	→ jeter
• Un radical pour « je », « tu », « il » Un radical pour « nous », « vous », « ils »	→ savoir
• Un radical pour « je », « tu », « il » Un radical pour « nous », « vous » Un radical pour « ils »	→ prendre
• Quatre ou cinq radicaux	→ être

2. Classez les verbes suivant le nombre de radicaux.

Verbes	Nombre de radicaux			Verbes	Nombre de radicaux		
	1	2	3		1	2	3
a. retenir	☐	☐	☐	**h.** réfléchir	☐	☐	☐
b. baisser	☐	☐	☐	**i.** penser	☐	☐	☐
c. finir	☐	☐	☐	**j.** jeter	☐	☐	☐
d. pouvoir	☐	☐	☐	**k.** partir	☐	☐	☐
e. balbutier	☐	☐	☐	**l.** lire	☐	☐	☐
f. apprendre	☐	☐	☐	**m.** écouter	☐	☐	☐
g. préférer	☐	☐	☐	**n.** savoir	☐	☐	☐

3. Faites des vœux pour le futur. Mettez les verbes à la forme qui convient.

Cette année, j' (organiser) _____ mieux mon travail. Je (finir) _____ moins tard.

Tu (venir) _____ me voir un week-end sur deux. Nous (pouvoir) _____ partir plus

longtemps en vacances.

Je (faire) _____ du sport plus souvent. Nous (aller) _____ ensemble à la piscine.

4. Malentendus et explications. Mettez les verbes au passé composé ou à l'imparfait.

a. Il est 20h30. Tu es encore en retard ! Nous (avoir) _____ rendez-vous à 20 h.

– Tu m' (dire) _____ de ne pas venir trop tôt. Tu n' (être) _____ pas sûr d'être à l'heure au rendez-vous.

b. Qu'est ce que tu (faire) _____ quand tu (sortir) _____ du bureau ?

– Il (faire) _____ beau. Je (se promener) _____ . Je (revoir) _____ une vieille amie,

nous (parler) _____ , nous (prendre) _____ un café et l'heure (passer) _____ . Et voilà !

5. Mettez les verbes au temps qui convient.

Lucie vient de retrouver un ancien ami.

« Quelle surprise ! Miracle d'Internet... Je (retrouver) _____ l'adresse de Bertrand sur un site professionnel.

Quand je (recevoir) _____ sa dernière lettre, il (vivre) _____ en Ouzbékistan. Aujourd'hui, il

(travailler) _____ en Suisse. Nous (échanger) _____ des messages. Puis il (venir) _____

à Lyon. Nous (passer) _____ deux belles journées ensemble. Il (arriver) _____ par le TGV le matin ;

il (faire) _____ très beau. Nous (se promener) _____ dans les vieilles rues du

quartier Saint-Jean : il (aimer) beaucoup _____ les traboules, des passages discrets où nous (s'embrasser)

_____ en secret comme autrefois. Nous (s'asseoir) _____ à une terrasse

de café où il me (raconter) _____ toutes ces années passées. »

6. Donnez des conseils.

a. (*organiser*) _____ mieux votre travail.

b. (*apprendre*) _____ à programmer vos activités.

c. (*faire*) _____ la liste des priorités.

d. (*attendre*) _____ le meilleur moment pour prendre rendez-vous.

e. (*commencer*) _____ et (*finir*) _____ vos réunions à l'heure.

f. (*écrire*) _____ vos rapports rapidement.

Entraînement à l'oral

Vocabulaire

- barbecue (n.m.) _____

boulot (n.m.) _____

cheminée (n.f.) _____

galerie (n.f.) _____

gîte (n.m.) _____

informatique (n.f.) _____

pantacourt (n.m.) _____

tenue (n.f.) _____

- double (adj.) _____

marchand (adj.) _____

- obliger (v.) _____

remarquer (v.) _____

- au fait (expr.) _____

courant (au – de) (expr.) _____

Prononcez

1. 🎧 14 Écoutez les phrases. Barrez les « e » non prononcés.

- L'acteur :

Je joue   J'ai joué   Je jouerai

- Le chanteur :

Je chante   J'ai chanté   Je chanterai

- Le directeur :

Je décide   J'ai décidé   Je déciderai

- L'élève :

Je répète   J'ai répété   Je répéterai

Vérifiez votre compréhension

2. Répondez aux questions sur l'histoire.

a. Qui envoie le message ? _____

b. Que veut-elle fêter ? _____

c. Où veut-elle organiser la fête ? _____

d. À qui envoie-t-elle le message ? _____

e. Où habite Anne-Sophie ? _____

f. Qui est divorcée ? _____

g. Que fait Louis ? _____

h. Quelle entreprise dirige Patrick ? _____

Parlez

3. **⊕ 15** « Savoir » ou « connaître » ? Répondez « Je sais » ou « Je connais ».

a. Où elle habite ? **Je sais où elle habite.**

b. Et son adresse ? _____

c. Comment on y va ? _____

d. À quel étage elle habite ? _____

e. Le code de la porte ? _____

f. Le nom de son ami ? _____

4. **⊕ 16** Construction des verbes « se souvenir » et « se rappeler ». Répondez aux questions.

a. François, tu t'en souviens ? **Je me souviens de François.**

b. Ces vacances, tu t'en souviens ? _____

c. Le nom de l'hôtel, tu te le rappelles ? _____

d. Les matchs sur la plage, tu t'en souviens ? _____

e. Les soirées au restaurant, tu te les rappelles ? _____

f. Les sorties en bateau, tu t'en souviens ? _____

Pages **Écrits et Civilisation**

Vocabulaire

• abonné (n.m.)	routard (n.m.)	distinguer (v.)
agence (n.f.)	salutation (n.f.)	enregistrer (v.)
agence matrimoniale (n.f.)	square (n.m.)	fuser (v.)
agriculteur (n.m.)	• dévoué (adj.)	inscrire (v.)
célibataire (n.)	disponible (adj.)	lancer (v.)
champ (n.m.)	numérique (adj.)	nommer (v.)
cinéphile (n.m.)	positif (adj.)	occuper (un lieu) (v.)
considération (n.f.)	respectueux (adj.)	permettre (v.)
côté (n.m.)	sincère (adj.)	visualiser (v.)
endroit (n.m.)	veuf (adj.)	• ailleurs
géolocalisation (n.f.)	• accepter (v.)	à proximité
identifiant (n.m.)	accorder (v.)	avance (par) (expr.)
immigration (n.f.)	approfondir (v.)	cordialement
intention (n.f.)	contacter (v.)	dehors (expr.)
internaute (n.)	consulter (v.)	grâce à
résidence (n.f.)	discuter (v.)	

1. Associez le début ou la fin du message.

a. Salut !
b. Madame la directrice
c. Cher Monsieur
d. Madame la ministre
e. Cher Patrick

1. Considération distinguée.
2. Salutations les meilleures.
3. Bises.
4. Cordialement.
5. Salutations distinguées.

2. Trouvez le type d'annonce : professionnel, commercial, amical ou convivial ?

Tu es funkie, ça se passe au
BAT'A CLAN...
tu es la bienvenue.

a. _____

Je me réjouis de vous rencontrer à cette occasion. Nous pourrons examiner ensemble vos propositions.

c. _____

**Vous cherchez
comment vous en débarrasser ?**

Votre solution : 08 88 08 88

b. _____

*Nous vous attendons toutes et tous
à partir de 12 heures
au Clos de l'Oasis.*

d. _____

3. Vous cherchez à vous loger et vous prenez contact avec le Département d'accueil des étudiants étrangers. Rédigez la lettre avec les éléments suivants.

• *Pour commencer :* Madame, Monsieur, Madame la directrice, Monsieur le directeur
• *Se présenter :* qui je suis, ce que je fais…
• *Ce que je cherche :* une chambre, un studio, un appartement à partager (en colocation)…
• *Pour combien de temps :* 3 mois, 6 mois, un an…
• *À quel prix :* à partir de…
• *Votre disponibilité pour prendre contact*
• *Formule de politesse*

_____

_____

_____

_____

_____

4. Relisez le témoignage de Muriel et l'histoire du film *Je vous trouve très beau*, page 57. Complétez le tableau.

	Muriel	L'agriculteur
Quelle est leur situation familiale ?		
Que cherchent-ils ?		
Comment cherchent-ils ?		
Réussissent-ils à trouver ce qu'ils cherchent ?		

C'est la fête !

Travail avec les pages Interactions

Vocabulaire

• accent (n.m.)	foire (n.f.)	avoir lieu (v.)
ambiance (n.f.)	folklore (n.m.)	courir (v.)
attraction (n.f.)	lanceur (n.m.)	déguiser (se) (v.)
bal (n.m.)	lutte (n.f.)	désigner (v.)
bataille (n.f.)	manège (n.m.)	implanter (v.)
chêne (n.m.)	masque (n.m.)	importer (v.)
combat (n.m.)	orchestre (n.m.)	lancer (v.)
compétition (n.f.)	province (n.f.)	maquiller (se) (v.)
cor (n.m.)	stade (n.m.)	prévoir (v.)
cortège (n.m.)	succès (n.m.)	proposer (v.)
course (n.f.)	tournoi (n.m.)	rater (v.)
crise (n.f.)	vainqueur (n.m.)	remporter (v.)
défilé (n.m.)	vallée (n.f.)	rire (v.)
dégustation (n.f.)	• celtique (adj.)	tenter (v.)
épreuve (n.f.)	• afficher (v.)	battre son plein (exp.v.)
fest-noz (n.m.)	affluer (v.)	• à proximité
fléchette (n.f.)	assister (v.)	sans doute

1. Apprenez le vocabulaire. Dans la liste ci-dessus, trouvez les mots qui appartiennent aux thèmes suivants :

a. Les sports : **une course,** _____

b. Les fêtes et les foires : _____

c. La musique : _____

2. Associez le verbe et le sujet de conversation.

a. rire   **1.** les vêtements

b. attirer   **2.** le commerce

c. déguiser (se)   **3.** les sports

d. maquiller (se)   **4.** une rencontre amoureuse

e. importer   **5.** la beauté

f. courir   **6.** un examen

g. rater   **7.** une histoire drôle

3. Complétez avec les mots de la liste.

un accent – un manège – un masque – une province – vainqueur.

a. Les enfants adorent monter sur _____ de la Foire du Trône.

b. La Bourgogne est une _____ de la France.

c. Pedro parle français avec un léger _____ espagnol.

d. Dans l'Antiquité, les acteurs du théâtre grec portaient des _____.

e. La nageuse Laure Manaudou est sortie _____ de l'épreuve du 400 m.

4. Les emplois figurés. Complétez avec un verbe de la liste.

déguiser – rater – attirer – ancrer – lancer – préciser.

Le président de la République a fait un discours à la télévision.

a. Il a _____ l'attention des téléspectateurs sur les résultats de sa politique.

b. Il a _____ son discours dans la réalité en donnant de nombreux exemples.

c. Il a _____ sa pensée sur la politique étrangère du pays.

d. Il a _____ un appel aux entreprises.

e. Mais il a _____ la vérité quand il a parlé de la baisse du chômage.

f. Et il a _____ son effet quand il a annoncé une baisse des impôts.

5. Relisez la page « Fêtes sans frontières » : associez chaque fête à son pays d'origine.

a. Nuit blanche → _____

b. Fête fédérale de lutte → _____

c. Nouvel An chinois → _____

d. Saint-Patrick → _____

e. Fête de la tomate → _____

f. Halloween → _____

Travail avec les pages Ressources

Vocabulaire

• canoë (n.m.) _____   rivière (n.f.) _____

1. Répondez aux questions en utilisant un pronom.

Prix du roman policier

a. Tu connais l'auteur ? – **Oui, je le connais.**

b. Tu as lu son dernier livre ? – _____

c. Tu as aimé l'histoire ? – _____

d. Tu achètes souvent des romans policiers ? – _____

e. Tu aimes aussi les films policiers ? – _____

2. Remplacez les mots soulignés par un pronom pour éviter les répétitions.

Un éditeur rencontre un auteur de bandes dessinées.

a. J'ai rencontré Pierre Leroux, l'auteur de bandes dessinées. J'ai invité <u>Pierre Leroux</u> à déjeuner.

b. J'ai vu ses projets. J'ai trouvé <u>ses projets</u> passionnants.

c. Je lui ai fait des propositions. Il a trouvé ces <u>propositions</u> intéressantes.

d. Je lui ai demandé un exemplaire de son dernier album. Il m'a donné <u>un exemplaire de son dernier album</u>.

e. Il m'a aussi montré ses photos. Il a fait <u>des photos</u> en 3D.

3. Complétez avec un pronom.

Lettre d'Afrique

« Nous habitons depuis deux ans dans un petit village de l'Afrique de l'Ouest. Je suis professeur d'école et Chloé étudie les langues locales. Les gens _____ ont bien accueillis. Chloé va voir les habitants. Elle _____ demande de chanter des chansons traditionnelles. Ils _____ racontent l'histoire de leur village. Je _____ accompagne souvent. Elle _____ remplace aussi à l'école. Beaucoup d'enfants viennent de loin. Nous _____ donnons un repas traditionnel. Les femmes du village _____ préparent et _____ distribuent aux enfants. »

4. Répondez.

a. Tu es allé à l'anniversaire d'Anita ?

– Oui, **j'y suis allé**.

b. Elle se souvient encore de moi ?

– Oui, _____

c. Tu as fait un cadeau ?

– Oui, _____

d. Elle a toujours la nostalgie du Brésil ?

– Oui, _____ la nostalgie.

e. Tu as pensé à parler de notre prochain voyage au Brésil ?

– Oui, _____

f. Elle t'a donné une adresse pour loger à Recife ?

– Non, _____

5. Accordez.

a. La lettre, je l'ai **écrite**.

b. La pièce de théâtre, je l'ai (*traduire*) _____ .

c. La photo, je l'ai (*faire*) _____ .

d. L'exposition, je l'ai (*voir*) _____ .

e. La vidéo, je l'ai (*produire*) _____ .

🎧 Entraînement à l'oral

Vocabulaire

• cuillère (n.f.)	truffe (n.f.)	faire plaisir (v.)
recette (n.f.)	• désagréable (adj.)	résister (v.)
retrouvailles (n.f.pl.)	fin (adj.)	servir (v.)
sauce (n.f.)	moche (adj.)	• valoir (mieux) (v.)
secret (n.m.)	particulier (adj.)	
tranche (n.f.)	• déconcentrer (v.)	

Prononcez

1. 🕐 **17** Écoutez et notez.

	le	la	les
a.			
b.			
c.			
d.			
e.			

Vérifiez votre compréhension

2. Avez-vous bien compris l'histoire ?

a. Dans quelle région se retrouve le groupe d'amis ? _____

b. Comment Anne-Sophie appelle-t-elle Odile ? _____

c. Où vont-ils au marché ? _____

d. Est-ce que Jean-Philippe connaît Liza ? _____

e. Quel plat prépare Patrick ? _____

f. Quel gâteau a fait Jean-Philippe ? _____

g. Est-ce que Louis fait aussi la cuisine ? _____

3. 🕐 **18** Écoutez ces instructions sur la préparation d'une tarte aux abricots (à faire après le travail sur la page Écrits). Cochez les cases correspondant à chaque instruction. Remettez les instructions et les dessins dans l'ordre.

1.☐

2.☐

3.☐

4.☐

5.☐

6.☐

7.☐

8.☐

Ordre des instructions : _____

Parlez

4. 🔊 **19** Répondez en utilisant un pronom.

a. Tu cherches la rue Lepic ? – **Je la cherche.**

b. Tu cherches tes amis ? _____

c. Tu cherches des places pour le spectacle ? _____

d. Tu cherches un cadeau pour Louis ? _____

e. Tu cherches le restaurant « L'assiette » ? _____

f. Tu penses à ton travail ? _____

g. Tu as préparé la randonnée ? _____

Pages Écrits et Civilisation

Vocabulaire

• ail (n.m.)	huître (n.f.)	trou (n.m.)
amande (n.f.)	ingrédient (n.m.)	victoire (n.f.)
armistice (n.m.)	laurier (n.m.)	vinaigre (n.m.)
bol (n.m.)	lumière (n.f.)	• amer (adj.)
bouteille (n.f.)	moule (n.m.)	frais (adj.)
calendrier (n.m.)	moutarde (n.f.)	sec (adj.)
canard (n.m.)	muguet (n.m.)	• arroser (v.)
carafe (n.f.)	nappe (n.f.)	bouillir (v.)
casserole (n.f.)	oie (n.f.)	chauffer (v.)
cocotte-minute (n.f.)	oignon (n.m.)	coller (v.)
commémoration (n.f.)	parcours (n.m.)	cuire (v.)
corbeille (n.f.)	pâte (n.f.)	découper (v.)
couteau (n.m.)	persil (n.m.)	disposer (v.)
cuisson (n.f.)	poêle (n.f.)	essuyer (v.)
demeure (n.f.)	poivre (n.m.)	étaler (v.)
émotion (n.f.)	poudre (n.f.)	frire (v.)
épice (n.f.)	poule (n.f.)	gonfler (v.)
fève (n.f.)	réveillon (n.m.)	percer (v.)
foie gras (n.m.)	saladier (n.m.)	piquer (v.)
foulée (n.f.)	seau (n.m.)	placer (v.)
fourchette (n.f.)	sel (n.m.)	poivrer (v.)
framboise (n.f.)	serviette (n.f.)	retirer (v.)
galette (n.f.)	talent (n.m.)	saupoudrer (v.)
goutte (n.f.)	tasse (n.f.)	verser (v.)
huile (n.f.)	thym (n.m.)	

1. Trouvez l'intrus.

a. un canard – une oie – une cocotte-minute – une dinde – une poule.

b. une framboise – un melon – une fraise – des raisins – une fève.

c. le sel – l'huile – le poivre – la poudre – le vinaigre.

d. le four –la nappe – la poêle – le moule – la casserole.

e. le saumon – l'huître – la truffe – la moule – le thon.

Donnez un titre à chaque série ci-dessus.

1. Pour assaisonner   → série _____

2. Dans la mer   → série _____

3. Volailles   → série _____

4. Fruits   → série _____

5. Pour faire la cuisine   → série _____

2. Complétez avec les verbes de la liste.

arroser – essuyer – étaler – faire cuire – mélanger – saupoudrer – trancher.

a. _____ la pâte.

b. _____ les ingrédients.

c. _____ la volaille.

d. _____ le pain.

e. _____ le rôti avec le jus.

f. _____ les fraises de sucre.

g. _____ la table après le repas.

3. Trouvez le sens de ces expressions imagées. Associez.

a. Va te faire cuire un œuf !   **1.** Je vais m'énerver / me mettre en colère.

b. La moutarde me monte au nez...   **2.** Il a aidé.

c. Ça va chauffer !   **3.** Tu m'embêtes.

d. Il a mis la main à la pâte.   **4.** J'en ai assez.

e. J'en ai ras-le-bol !   **5.** La situation est tendue.

4. Observez le calendrier et notez ou surlignez avec des couleurs différentes.

(1) Les fêtes religieuses

(2) La fête nationale

(3) Les fêtes civiles à caractère national

(4) Les célébrations historiques

(5) Le début des saisons

(6) Les fêtes spécifiques à la ville de Bourges

Calendrier 2013

JANVIER
Les jours augmentent de 1 h 05

M	1	JOUR DE L'AN	1
M	2	s Basile	
J	3	s¹ Geneviève	
V	4	s Odilon	
S	5	s Edouard	
D	6	Epiphanie	
L	7	s Raymond	2
M	8	s Lucien	
M	9	s¹ Alix	
J	10	s Guillaume	
V	11	s Paulin	
S	12	s¹ Tatiana	
D	13	s Hilaire	
L	14	s¹ Nina	3
M	15	s Rémi	
M	16	s Marcel	
J	17	s¹ Roseline	
V	18	s¹ Prisca	
S	19	s Marius	
D	20	s Sébastien	
L	21	s¹ Agnès	4
M	22	s Vincent	
M	23	s Barnard	
J	24	s Fr. de Sales	
V	25	Conv. s Paul	
S	26	s¹ Paule	
D	27	s¹ Angèle	
L	28	s Th. d'Aquin	5
M	29	s Gildas	
M	30	s¹ Martine	
J	31	s¹ Marcelle	

FÉVRIER
Les jours augmentent de 1 h 30

V	1	s¹ Ella	
S	2	Présentation	
D	3	s Blaise	
L	4	s¹ Véronique	6
M	5	s¹ Agathe	
M	6	s Gaston	
J	7	s¹ Eugénie	
V	8	s¹ Jacqueline	
S	9	s¹ Apolline	
D	10	s Arnaud	
L	11	N.-D. de Lourdes	7
M	12	Mardi-Gras	
M	13	Cendres	
J	14	s Valentin	
V	15	s Claude	
S	16	s¹ Julienne	
D	17	Carême	
L	18	s¹ Bernadette	8
M	19	s Gabin	
M	20	s¹ Aimée	
J	21	s P. Damien	
V	22	s¹ Isabelle	
S	23	s Lazare	
D	24	s Modeste	
L	25	s Roméo	9
M	26	s Nestor	
M	27	s¹ Honorine	
J	28	s Romain	

MARS
Les jours augmentent de 1 h 48

V	1	s Aubin	
S	2	s Charles le B.	
D	3	s Guénolé	
L	4	s Casimir	10
M	5	s Olive	
M	6	s¹ Colette	
J	7	s¹ Félicité / Mi-Carême	
V	8	s Jean de Dieu	
S	9	s¹ Françoise	
D	10	s Vivien	
L	11	s¹ Rosine	11
M	12	s¹ Justine	
M	13	s Rodrigue	
J	14	s¹ Mathilde	
V	15	s¹ Louise	
S	16	s¹ Bénédicte	
D	17	s Patrice	
L	18	s¹ Cyrille	12
M	19	s Joseph	
M	20	PRINTEMPS	
J	21	s¹ Clémence	
V	22	s¹ Léa	
S	23	s Victorien	
D	24	Rameaux	
L	25	Annonciation	13
M	26	s¹ Larissa	
M	27	s Habib	
J	28	s Gontran	
V	29	Vendredi Saint	
S	30	s Amédée	
D	31	PÂQUES	

AVRIL
Les jours augmentent de 1 h 40

L	1	s Hugues	14
M	2	s¹ Sandrine	
M	3	s Richard	
J	4	s Isidore	
V	5	s¹ Irène	
S	6	s Marcellin	
D	7	J.-Bapt. de la Salle	
L	8	s¹ Julie	15
M	9	s Gautier	
M	10	s Fulbert	
J	11	s Stanislas	
V	12	s Jules	
S	13	s¹ Ida	
D	14	s Maxime	
L	15	s Paterne	16
M	16	s Benoît-Joseph	
M	17	s Anicet	
J	18	s Parfait	
V	19	s¹ Emma	
S	20	s¹ Odette	
D	21	s Anselme	
L	22	s Alexandre	17
M	23	s Georges	
M	24	s Fidèle	
J	25	s Marc	
V	26	s¹ Alida	
S	27	s¹ Zita	
D	28	Souvenir des Déportés	
L	29	s¹ Cath. de Sienne	18
M	30	s Robert	

PRINTEMPS : 20 MARS
Reproduction interdite

MAI
Les jours augmentent de 1 h 19

M	1	FÊTE DU TRAVAIL	
J	2	s Boris	
V	3	ss Phil., Jacq.	
S	4	s Sylvain	
D	5	s¹ Judith	
L	6	s¹ Prudence	19
M	7	s¹ Gisèle	
M	8	VICTOIRE 1945	
J	9	ASCENSION	
V	10	s¹ Solange	
S	11	s¹ Estelle	
D	12	Fête J.-d'Arc	
L	13	s¹ Rolande	20
M	14	s Matthias	
M	15	s¹.Denise	
J	16	s Honoré	
V	17	s Pascal	
S	18	s Éric	
D	19	PENTECÔTE	
L	20	s Bernardin	21
M	21	s Constantin	
M	22	s Émile	
J	23	s Didier	
V	24	s Donatien	
S	25	s¹ Sophie	
D	26	Trinité / Fête des Mères	
L	27	s Augustin	22
M	28	s Germain	
M	29	s Aymar	
J	30	s Ferdinand	
V	31	Visitation	

JUIN
Les jours augmentent de 0 h 13

S	1	s Justin	
D	2	Fête-Dieu	
L	3	s Kévin	23
M	4	s¹ Clotilde	
M	5	s Igor	
J	6	s Norbert	
V	7	Sacré-Cœur	
S	8	s Médard	
D	9	s¹ Diane	
L	10	s Landry	24
M	11	s Barnabé	
M	12	s Guy	
J	13	s Antoine de P.	
V	14	s Élisée	
S	15	s¹ Germaine	
D	16	Fête des Pères	
L	17	s Hervé	25
M	18	s Léonce	
M	19	s Romuald	
J	20	s Silvère	
V	21	ÉTÉ	
S	22	s Alban	
D	23	s¹ Audrey	
L	24	s Jean-Baptiste	26
M	25	s Prosper	
M	26	s Anthelme	
J	27	s Fernand	
V	28	s¹ Irénée	
S	29	ss Pierre, Paul	
D	30	s Martial	

ÉTÉ : 21 JUIN
PEFC

JUILLET
Les jours diminuent de 0 h 58

L	1	s Thierry	27
M	2	s Martinien	
M	3	s Thomas	
J	4	s Florent	
V	5	s Antoine	
S	6	s¹ Mariette	
D	7	s Raoul	
L	8	s Thibaut	28
M	9	s¹ Amandine	
M	10	s Ulrich	
J	11	s Benoît	
V	12	s Olivier	
S	13	ss Henri, Joël	
D	14	FÊTE NATIONALE	
L	15	s Donald	29
M	16	N.-D. Mt-Carmel	
M	17	s¹ Charlotte	
J	18	s Frédéric	
V	19	s Arsène	
S	20	s¹ Marina	
D	21	s Victor	
L	22	s¹ Marie-Mad.	30
M	23	s¹ Brigitte	
M	24	s¹ Christine	
J	25	s Jacques	
V	26	ss Anne, Joachim	
S	27	s¹ Nathalie	
D	28	s Samson	
L	29	s¹ Marthe	31
M	30	s¹ Juliette	
M	31	s Ignace de L.	

AOÛT
Les jours diminuent de 1 h 35

J	1	s Alphonse	
V	2	s Julien-Eymard	
S	3	s¹ Lydie	
D	4	s J.-M. Vianney	
L	5	s Abel	32
M	6	Transfiguration	
M	7	s Gaétan	
J	8	s Dominique	
V	9	s Amour	
S	10	s Laurent	
D	11	s¹ Claire	
L	12	s¹ Clarisse	33
M	13	s Hippolyte	
M	14	s Evrard	
J	15	ASSOMPTION	
V	16	s Armel	
S	17	s Hyacinthe	
D	18	s¹ Hélène	
L	19	s Jean Eudes	34
M	20	s Bernard	
M	21	s Christophe	
J	22	s Fabrice	
V	23	s¹ Rose de L.	
S	24	s Barthélemy	
D	25	s Louis	
L	26	s¹ Natacha	35
M	27	s¹ Monique	
M	28	s Augustin	
J	29	s¹ Sabine	
V	30	s Fiacre	
S	31	s Aristide	

SEPTEMBRE
Les jours diminuent de 1 h 42

D	1	s Gilles	
L	2	s¹ Ingrid	36
M	3	s Grégoire	
M	4	s¹ Rosalie	
J	5	s¹ Raïssa	
V	6	s Bertrand	
S	7	s¹ Reine	
D	8	Nativité N.-D.	
L	9	s Alain	37
M	10	s¹ Inès	
M	11	s Adelphe	
J	12	s Apollinaire	
V	13	s Aimé	
S	14	Croix Glorieuse	
D	15	s Roland	
L	16	s¹ Edith	38
M	17	s Renaud	
M	18	s¹ Nadège	
J	19	s¹ Émilie	
V	20	s Davy	
S	21	s Matthieu	
D	22	AUTOMNE	
L	23	s Constant	39
M	24	s¹ Thècle	
M	25	s Hermann	
J	26	ss Côme, Damien	
V	27	s Vinc. de Paul	
S	28	s Venceslas	
D	29	s Michel	
L	30	s Jérôme	

AUTOMNE : 22 SEPTEMBRE
Reproduction interdite

OCTOBRE
Les jours diminuent de 1 h 45

M	1	s¹ Th. de l'E.-J.	40
M	2	s Léger	
J	3	s Gérard	
V	4	s Fr. d'Assise	
S	5	s¹ Fleur	
D	6	s Bruno	
L	7	s Serge	41
M	8	s¹ Pélagie	
M	9	s Denis	
J	10	s Ghislain	
V	11	s Firmin	
S	12	s Wilfried	
D	13	s Géraud	
L	14	s Juste	42
M	15	s¹ Th. d'Avila	
M	16	s¹ Edwige	
J	17	s Baudouin	
V	18	s Luc	
S	19	s René	
D	20	s¹ Adeline	
L	21	s¹ Céline	43
M	22	s¹ Élodie	
M	23	s Jean de C.	
J	24	s Florentin	
V	25	s Crépin	
S	26	s Dimitri	
D	27	s¹ Emeline	
L	28	ss Simon, Jude	44
M	29	s Narcisse	
M	30	s Bienvenue	
J	31	s Wolfgang	

NOVEMBRE
Les jours diminuent de 1 h 18

V	1	TOUSSAINT	
S	2	Défunts	
D	3	s Hubert	
L	4	s Charles	45
M	5	s¹ Sylvie	
M	6	s¹ Bertille	
J	7	s¹ Carine	
V	8	s Geoffroy	
S	9	s¹ Théodore	
D	10	s Léon	
L	11	ARMISTICE 1918	46
M	12	s Christian	
M	13	s Brice	
J	14	s Sidoine	
V	15	s Albert	
S	16	s¹ Marguerite	
D	17	s¹ Élisabeth	
L	18	s¹ Aude	47
M	19	s Tanguy	
M	20	s Edmond	
J	21	Prés. Marie	
V	22	s¹ Cécile	
S	23	s Clément	
D	24	Christ Roi	
L	25	s¹ Catherine	48
M	26	s¹ Delphine	
M	27	s Séverin	
J	28	s Jacq. de la Marche	
V	29	s Saturnin	
S	30	s André	

HIVER : 21 DÉCEMBRE
Reproduction interdite

DÉCEMBRE
Les jours diminuent de 0 h 15

D	1	Avent	
L	2	s¹ Viviane	49
M	3	s Xavier	
M	4	s¹ Barbara	
J	5	s Gérald	
V	6	s Nicolas	
S	7	s Ambroise	
D	8	Imm. Conception	
L	9	s P. Fourier	50
M	10	s Romaric	
M	11	s Daniel	
J	12	s¹ Jeanne F.C.	
V	13	s¹ Lucie	
S	14	s¹ Odile	
D	15	s¹ Ninon	
L	16	s¹ Alice	51
M	17	s¹ Tessa	
M	18	s Gatien	
J	19	s Urbain	
V	20	s Abraham	
S	21	HIVER	
D	22	s¹ Fr.-Xavière	
L	23	s Armand	52
M	24	s¹ Adèle	
M	25	NOËL	
J	26	s Etienne	
V	27	s Jean	
S	28	ss Innocents	
D	29	Sainte Famille	
L	30	s Roger	
M	31	s Sylvestre	

Vous plaisantez !

Vous allez apprendre à :

☑ commenter une information, donner une opinion en faisant des hypothèses

☑ utiliser le conditionnel présent

☑ différencier le futur et le conditionnel

Travail avec les pages Interactions

Vocabulaire

• bien (n.m.)	jury (n.m.)	conserver (v.)
bulletin (n.m.)	placement (n.f.)	déménager (v.)
cap (n.m.)	rêve (n.m.)	figurer (v.)
chèque (n.m.)	sociologue (n.m.)	influencer (v.)
chercheur (n.m.)	table d'hôte (n.f.)	mémoriser (v.)
cheval (n.m.)	tirage (n.m.)	réciter (v.)
clé (n.f.)	valeur (n.f.)	recruter (v.)
destin (n.m.)	• illuminé (adj.)	soutenir (v.)
équivalent (n.m.)	insolite (adj.)	valider (v.)
gagnant (n.m.)	invisible (adj.)	avoir l'intention de... (v.)
garde-robe (n.f.)	superbe (adj.)	• quand même
haras (n.m.)	• assurer (v.)	

1. Associez les deux parties du titre.

a. La gagnante gagne 26 millions d'euros à l'Euro Millions.

b. Une Suédoise reçoit une lettre d'amour écrite il y a 20 ans.

c. La cape d'Harry Potter qui lui permet d'être invisible pourrait devenir réalité.

d. Un Japonais a récité les cent mille décimales du nombre pi.

e. Le prénom d'un candidat a une influence sur son recrutement.

1. Quelle mémoire !

2. Coup de chance !

3. Emploi

4. Quand la fiction devient réalité

5. Retards à la Poste

2. Complétez avec le verbe ou le nom qui correspond.

a. gagner → _____

b. donner → _____

c. être invincible → _____

d. mémoriser → _____

e. réciter → _____

f. _____ → la décision

g. _____ → le recrutement

h. _____ → l'influence

i. réaliser → _____

3. Formez des expressions. Complétez avec un mot de la liste.

le bien – un cheval – la clé – le cap – le destin – des rêves.

a. Faites de beaux _____ !

b. Faire _____

c. Avoir _____ du problème

d. Être maître de _____

e. Être à _____ sur les principes

f. Tenir _____

Trouvez le sens des expressions précédentes.

1. Être indépendant → _____

2. Être généreux → _____

3. Avoir la solution → _____

4. Continuer vers le même objectif → _____

5. Dormez bien ! → _____

6. Observer strictement le règlement → _____

4. Condition, supposition ou suggestion ? Cochez.

	condition	supposition	suggestion
a. On lui rendra visite si nous sommes libres.	☐	☐	☐
b. Si on allait la voir…	☐	☐	☐
c. On lui parlera si je veux.	☐	☐	☐
d. Si on partait en week-end ensemble…	☐	☐	☐
e. Si on se mariait, nous ferions la fête.	☐	☐	☐
f. Et si on sortait ce soir…	☐	☐	☐

5. À quelles occasions formule-t-on ces conditions ou ces suppositions ?

a. Et si c'est une fille ?

b. Si je sors plus tôt du bureau, on ira au cinéma.

c. On partira en balade si le temps le permet.

d. Si on marque, c'est gagné.

e. Si je réussis à l'examen, j'aurai mon diplôme.

1. Projet de week-end

2. Attente d'une naissance

3. Match de football

4. Fin d'année scolaire

5. Projet de soirée

Travail avec les pages Ressources

Vocabulaire

- pilote (n.m.) _____
- rallye (n.m.) _____
- sponsor (n.m.) _____
- accompagner (v.) _____
- amener (v.) _____
- pousser (v.) _____
- raccompagner (v.) _____
- reculer (v.) _____

Rappelez-vous

Le conditionnel présent

Même forme qu'au futur + terminaison : -ais ; -ais ; -ait ; -ions ; -iez ; -aient
Exemple : VOIR
→ futur : je verrai
→ conditionnel présent : je verrais, tu verrais, il verrait,
nous verrions, vous verriez, elles verraient

1. Trouvez les formes du conditionnel présent.

Retenir	→ je _____	nous _____	vous _____
Discuter	→ tu _____	elle _____	ils _____
Permettre	→ je _____	tu _____	vous _____
Devoir	→ je _____	tu _____	elles _____

2. Avec des si... conjuguez les verbes entre parenthèses.

Si je gagnais au Loto,

a. je (*donner*) _____ de l'argent aux associations.

b. nous (*acheter*) _____ une maison de campagne.

c. tu (*travailler*) _____ à mi-temps.

d. vous (*être invité*) _____ souvent dans notre maison de campagne.

e. les enfants (*faire*) _____ des séjours linguistiques à l'étranger.

3. Faites des suppositions.

a. Si j'étais chanteur, elle m' (*écouter*) _____ .

b. Si j'étais footballeur, je (*marquer*) _____ des buts.

c. Si nous ouvrions un restaurant, tu (*faire*) _____ la cuisine.

d. Si vous jouiez dans le film, vous (*devenir*) _____ célèbres.

e. Si tu écrivais un livre, je le (*publier*) _____ .

4. Donnez des conditions.

a. au travail – Nous (*avoir*) _____ de meilleurs résultats si nous exportions davantage.

b. au spectacle – J' (*aller*) _____ plus souvent à l'Opéra si mon ami aimait ça.

c. à l'école – Il (*réussir*) _____ mieux s'il travaillait plus.

d. en vacances à la montagne – Nous (*faire*) _____ de grandes balades si nous avions du beau temps.

e. au tennis – Nous (*perdre*) _____ moins souvent si tu faisais attention.

5. Suggestion et demande polie. Complétez avec : *falloir, préférer, pouvoir, vouloir, aimer.*

a. Nous _____ sortir, ce soir. Qu'en penses-tu ?

b. J' _____ aller au cinéma : tu en as envie ?

c. Je _____ rester à la maison.

d. Je _____ partir plutôt, ce soir, c'est possible ?

e. Oui, mais il _____ que vous terminiez la proposition de contrat avant de partir.

6. Complétez avec des prépositions.

Quelle journée ! Ce matin, je suis parti _____ 7 h de Lyon par le premier TGV. Je suis arrivé _____ Paris _____ 9 h. Après la réunion, je suis reparti _____ 12h15 _____ Paris _____ Bruxelles. Je suis arrivé _____ Bruxelles _____ 13h40. La réunion était _____ 14 h. Je suis rentré directement _____ Bruxelles _____ Lyon. _____ 20 h, j'étais _____ moi.

7. Dites-le poliment. Transformez les verbes.

◉ ◉ ◉   Nouveau message

Cher Monsieur,

Je *souhaite* _____ apporter quelques modifications au contrat de location

du studio. *Êtes-vous* _____ libre pour passer à mon bureau ce soir

après 18 h ? Nous *pourrons* _____ voir ensemble les différents changements

à apporter. Je vous *suis* _____ reconnaissante de m'indiquer le jour où vous

pouvez _____ venir.

Avec mes meilleures salutations.

🌐 Entraînement à l'oral

Vocabulaire

- antiquaire (n.m.) _____
- crocodile (n.m.) _____
- hésitation (n.f.) _____
- montgolfière (n.f.) _____
- reine (n.f.) _____

- scrabble (n.m.) _____
- serpent (n.m.) _____
- autodidacte (adj.) _____
- carnivore (adj.) _____
- gonflé (adj. fam.) _____

- dégonfler (v.) _____
- dedans
- dessus [au – de] _____

Prononcez

1. 🌐 **20** [u] et [y] : faites une croix quand vous entendez ces sons.

	[u]	[y]
a.		
b.		
c.		
d.		
e.		

Vérifiez votre compréhension

2. Écoutez les dialogues des pages 70 et 71 du livre de l'élève. Dites si ces phrases sont vraies ou fausses.

		vrai	faux
a.	Les amis vont faire un tour en montgolfière.	☐	☐
b.	Liza n'a pas peur de monter sur la grande roue.	☐	☐
c.	Liza et Harry ne montent pas sur la montgolfière.	☐	☐
d.	Liza et Harry rentrent à l'hôtel.	☐	☐
e.	Dans la montgolfière, Louis et Patrick discutent.	☐	☐
f.	Patrick est intéressé par l'idée de jeu vidéo de Louis.	☐	☐
g.	Le soir, le groupe d'amis organise un jeu.	☐	☐
h.	Tous s'amusent beaucoup.	☐	☐

Parlez

3. ⏱21 Transformez le futur en conditionnel.

a. Vous pensez qu'elle viendra ? **– Oui, on m'a dit qu'elle viendrait.**

b. Vous pensez qu'il sera là aussi ? – _____

c. Vous pensez qu'ils se parleront ? – _____

d. Vous pensez qu'ils partiront ensemble ? – _____

e. Vous pensez que ça finira bien ? – _____

4. ⏱22 À partir des situations proposées, faites des phrases avec *devoir, pouvoir, vouloir, falloir.*

a. Vous êtes au restaurant, vous demandez l'addition.

→ **Je pourrais avoir l'addition ?**

b. Vous proposez à une amie d'aller au cinéma avec vous.

→ _____

c. Vous suggérez à un ami de partir tôt le lendemain matin.

→ _____

d. Vous devez partir en urgence : vous demandez à une collègue de vous remplacer pour la réunion.

→ _____

e. Quelqu'un vous marche sur le pied dans la rue, vous lui reprochez de ne pas faire attention.

→ _____

Pages Écrits et Civilisation

Vocabulaire

• âne (n.m.)	ironie (n.f.)	néfaste (adj.)
art (n.m.)	mouvement (n.m.)	• applaudir (v.)
atterrissage (n.m.)	période (n.f.)	attraper (v.)
blague (n.f.)	personnalité (n.f.)	exploiter (v.)
caricature (n.f.)	phare (n.m.)	exposer (v.)
chou (n.m.)	pinceau (n.m.)	frapper (v.)
coloriste (n.m.)	queue (n.f.)	moquer (se) (v.)
défaut (n.m.)	regard (n.m.)	plaisanter (v.)
descendant (n.m.)	terminal (n.m.)	posséder (v.)
douanier (n.m.)	toile (n.f.)	révéler (v.)
entourage (n.m.)	tragédie (n.f.)	taquiner (v.)
huissier (n.m.)	• abstrait (adj.)	terminer (v.)
humoriste (n.m.)	artistique (adj.)	tremper (v.)
ignorance (n.f.)	comique (adj.)	

1. Apprenez le vocabulaire du thème de la plaisanterie et du rire. Complétez avec un mot de la liste.

une blague – une caricature – l'humour – se moquer – sourire – taquiner.

a. J'ai croisé Laure dans un restaurant, elle m'a _____.

b. Cédric est arrivé à la soirée barbecue en costume cravate. Tout le monde _____ de lui.

c. Sur tous les sujets, Albert est capable de raconter _____.

d. Dans l'hebdomadaire humoristique *Le Canard enchaîné*, les articles sont pleins _____ et ils sont illustrés

par des _____.

e. Paul n'arrête pas de _____ Lucie jusqu' à ce qu'elle se mette en colère.

2. Relisez le texte « Naissance d'un chef-d'œuvre ». Trouvez :

a. où se passe l'action   → _____

b. le nom de l'écrivain   → _____

c. le type d'animal et son nom → _____

d. la nature de la plaisanterie → _____

e. le nom de la toile   → _____

f. le lieu où elle a été exposée → _____

g. son prix   → _____

2. Voici quelques pensées de l'humoriste Coluche (1944-1986). Associez chaque pensée à une des phrases ci-dessous :

a. « Sur un Français interrogé, un est d'accord. »

b. « La France comme elle est, c'est pas plus mal que si c'était pire. »

c. « Météo : risque de grève et de chômage dans le Nord, à l'Est, au Centre et à l'Ouest.

Coups de vent en Bretagne où de forts pétroliers sont à craindre. Risques d'émeutes dans le Sud

et en Corse avec attentats passagers de force 6-7. »

d. « Avant moi, la France était coupée en deux. Avec moi, elle sera pliée en quatre. »

1. Il y a beaucoup de problèmes en France.

2. Sur tous les sujets, les Français sont divisés.

3. Chaque Français pense différemment.

4. Les Français sont inquiets pour leur avenir.

5. Il faut faire face aux problèmes avec humour.

Coluche, *Pensées et Anecdotes*, Le Livre de Poche n° 14382.

Réponses : _____

On s'entend bien !

Vous allez apprendre à :

☑ décrire le caractère et le comportement d'une personne
☑ exprimer l'incompréhension
☑ maîtriser les constructions du discours rapporté

Travail avec les pages Interactions

Vocabulaire

- ambition (n.f.) _____
- annuaire (n.m.) _____
- autoritarisme (n.m.) _____
- blouse (n.f.) _____
- carton (n.m.) _____
- casque (n.m.) _____
- comportement (n.m.) _____
- compréhension (n.f.) _____
- cordon (n.m.) _____
- créativité (n.f.) _____
- cuisinier (n.m.) _____
- curiosité (n.f.) _____

- élégance (n.f.) _____
- équilibre (n.m.) _____
- gaieté (n.f.) _____
- générosité (n.f.) _____
- honnêteté (n.f.) _____
- intolérance (n.f.) _____
- jouet (n.m.) _____
- langage (n.m.) _____
- maillot (n.m.) _____
- ordre (n.m.) _____
- parole (n.f.) _____
- passéisme (n.m.) _____

- pessimisme (n.m.) _____
- rayon (n.m.) _____
- réflexion (n.f.) _____
- spontanéité (n.f.) _____
- tapis (n.m.) _____
- timidité (n.f) _____
- • clandestin (adj.) _____
- gris (adj.) _____
- pratique (adj.) _____
- rose (adj.) _____
- sociable (adj.) _____
- • rejeter (v.) _____

1. Trouvez l'adjectif correspondant au nom.

a. curiosité **curieux**

b. compréhension _____

c. optimisme _____

d. enthousiasme _____

e. jeunesse _____

f. énergie _____

g. générosité _____

h. créativité _____

i. originalité _____

j. courage _____

k. passion _____

l. ambition _____

m. action _____

n. autoritarisme _____

o. sociabilité _____

p. timidité _____

q. élégance _____

r. honnêteté _____

s. pessimisme _____

t. gaieté _____

u. intolérance _____

v. spontanéité _____

2. Complétez la description avec un adjectif trouvé dans l'exercice 1.

a. Il n'a peur de rien, il est _____.

b. Elle a beaucoup d'imagination, elle est _____.

c. Il veut réussir, il est _____.

d. Elle aime beaucoup la compagnie des autres, elle est _____.

e. Elle est toujours bien habillée, elle est _____.

f. Il ne supporte pas la contradiction, il est _____.

g. Il sait écouter les autres avec attention, il est _____.

h. Il donne des ordres, il est _____.

3. Trouvez dans la liste le contraire ou l'adjectif qui a le même sens.

a. optimiste ≠ _____

b. intolérant ≠ _____

c. sociable ≠ _____

d. énergique = _____

e. enthousiaste = _____

f. joyeux = _____

4. Les expressions imagées. Complétez avec une couleur.

blanc – bleu – noir – rouge – rose – vert.

a. J'ai été malade, j'ai passé une nuit _____.

b. Je suis déprimé, j'ai des idées _____.

c. Moi, je suis optimiste, je vois toujours la vie en _____.

d. Je suis très sentimental, j'ai un côté fleur _____.

e. Avant de monter sur scène, l'acteur timide est _____ de peur.

f. Quand les gens se moquent de son accent, il voit _____.

Travail avec les pages Ressources

Vocabulaire

• affirmer (v.)

Rappelez-vous

De l'interrogation directe à l'interrogation indirecte

■ Est-ce que tu viens ? → Il lui demande **si** elle vient. (interrogation générale)

■ Qu'est-ce que Pierre fait ?
→ Il lui demande **ce que** fait Pierre. (interrogation sur le complément d'objet)

■ Qui (est-ce qui) parle ? → Il lui demande **qui** parle. (interrogation sur la personne sujet)

■ Qu'est-ce qui fait du bruit ?
→ Il lui demande **ce qui** fait du bruit. (interrogation sur la chose sujet)

■ Où / Quand / Comment (est-ce que) tu pars ?
→ Il lui demande **où / quand / comment** elle part. (interrogation sur les circonstances)

■ Quel livre tu achètes ? → Il lui demande **quel** livre elle achète. (interrogation sur un choix)

1. Complétez.

a. J'aimerais lire **ce qui** est écrit sur le contrat.

b. Je voudrais savoir _____ c'est conforme à notre accord.

c. Pouvez-vous me dire _____ je pourrais organiser la signature.

d. J'aimerais voir _____ changements vous avez apportés.

e. Je voudrais comprendre _____ vous avez fait.

f. Je me demande _____ a pu vous conseiller.

2. Transformez au style indirect.

Liza :

« Jean-Philippe, je sors, je vais chez le coiffeur ; je rentrerai vers 19 h.

Peux-tu t'occuper de la cuisine ? N'oublie pas de surveiller le four !

Mets aussi la table ! Est-ce que tout le monde a répondu à l'invitation ? Vérifie.

Pense aussi à la boisson ! Qu'est-ce qu'on sert comme apéritif ? Choisis ! »

Liza dit à Jean-Philippe qu'elle sort, _____

_____

_____

_____

3. Retrouvez le dialogue.

Le directeur interroge le délégué commercial sur son voyage en Corée.

Il m'a demandé comment s'était passée la réunion.

Je lui ai répondu que ça s'était bien passé.

Il m'a demandé si j'avais dû répondre à beaucoup de questions.

Il m'a aussi demandé ce que j'avais répondu et si j'étais optimiste.

J'ai répondu que oui mais qu'il y avait beaucoup de concurrence et que ce n'était pas gagné d'avance.

Il m'a demandé quand je retournerais en Corée et il m'a dit de bien me reposer.

Je lui ai demandé si je pouvais prendre deux jours de vacances à la fin de la négociation.

Le directeur : **Comment s'est passée la réunion ?**

Le délégué commercial : **Ça s'est bien passé.**

a. *Le directeur :* _____

b. *Le délégué commercial :* _____

c. *Le directeur :* _____

d. *Le délégué commercial :* _____

4. Complétez en utilisant « se faire ».

a. Quand nous sommes à l'hôtel, nous aimons bien _____ servir.

b. Le matin, je _____ monter le petit déjeuner dans la chambre.

c. Mon amie _____ préparer des œufs brouillés.

d. Pour louer des places de théâtre, je _____ aider par le réceptionniste de l'hôtel.

e. Quand nous arrivons dans une ville inconnue, nous commandons un taxi et nous _____ montrer la ville.

🎧 Entraînement à l'oral

Vocabulaire

• exploration (n.f.) _____

grotte (n.f.) _____

spéléologie (n.f.) _____

surprise (n.f.) _____

• pénible (adj.) _____

• explorer (v.) _____

perdre (se) (v.) _____

salir (v.) _____

• cause (à – de) _____

Prononcez

1. 🎧 **23** Écoutez et distinguez.

	[a]	[ã]	[o]	[õ]
a.				
b.				
c.				
d.				
e.				
f.				

Vérifiez votre compréhension

2. Écoutez le dialogue des pages 78-79 et répondez aux questions sur l'histoire « L'anniversaire ».

a. Quelle activité vont faire les amis ? _____

b. Pourquoi Anne-Sophie ne va-t-elle pas avec eux ? _____

c. À qui ses amis l'ont-ils comparée dans le jeu du portrait ? _____

d. Que voit-on sur les murs de la grotte ? _____

e. Comment le groupe trouve-t-il la sortie de la grotte ? _____

f. Est-ce que les jeunes gens se quittent bons amis ou fâchés ? _____

3. 🎧 **24** Accord, désaccord, incompréhension. Qu'est-ce qu'on exprime quand on dit :

		accord	désaccord	incompréhension
a.	Tu voudrais répéter, s'il te plaît ?	☐	☐	☐
b.	Qu'est-ce que tu voulais dire par là ?	☐	☐	☐
c.	Non, je ne pense pas.	☐	☐	☐
d.	Ah ! Alors là, oui...	☐	☐	☐
e.	Mais je n'ai jamais dit ça !	☐	☐	☐
f.	Ça ! Jamais !	☐	☐	☐
g.	Eh bien... tout rentre dans l'ordre.	☐	☐	☐
h.	Non, ce n'est pas ce que j'ai dit !	☐	☐	☐
i.	Si tu veux...	☐	☐	☐

Parlez

4. 🕐 25 Écoutez-la. Rapportez ses paroles.

a. Il fait beau. → **Elle dit qu'il fait beau.**

b. Je vais sortir. → _____

c. Je t'ai appelé hier. → _____

d. On peut se voir ? → _____

e. Tu veux faire un tennis ? → _____

5. 🕐 26 Rapportez les paroles.

a. Tu veux aller au restaurant ?

→ **Il me demande si je veux aller au restaurant.**

b. Qu'est-ce que tu veux manger ?

→ _____

c. Quand est-ce que tu préfères y aller ?

→ _____

d. Qui veux-tu inviter ?

→ _____

e. Fais la réservation.

→ _____

Pages Écrits et Civilisation

Vocabulaire

- bouquet (n.m.) _____
chère (bonne) (n.f.) _____
couverture (n.f.) _____
hors-d'œuvre (n.m.) _____
légume (n.m.) _____
manière (n.f.) _____
store (n.m.) _____
sujet (n.m.) _____
tas (n.m.) _____
témoignage (n.m.) _____
valeur (n.f.) _____

volet (n.m.) _____
- impoli (adj.) _____
indiscret (adj.) _____
manifeste (adj.) _____
véritable (adj.) _____
- aborder (v.) _____
bavarder (v.) _____
désorganiser (v.) _____
intervenir (v.) _____
taire (se) (v.) _____
transmettre (v.) _____

- ainsi _____
complètement _____
contre (par –) _____
fermement _____
instantanément _____
naturellement _____
revanche (en –) _____
soigneusement _____
tas (un – de) _____
volontiers _____

1. Avez-vous bien compris ? Relisez le texte « Regard d'un Américain » (p. 80). Répondez.

a. Qui est Ted Stanger ? _____

b. Comment s'appelle son livre ? _____

c. Qu'est-ce qu'il raconte ? _____

d. Indiquez les trois lieux où se situent les observations de Ted Stanger. _____

e. Quelle est la phrase qui correspond le mieux aux observations de Ted Stanger ?

    1. Les Français cachent leur identité.

    2. Quand on est un enfant, on ne doit pas parler à un étranger.

    3. Les Français protègent leur vie privée.

2. Relisez le tableau « Sujets de conversation » (p. 80). Est-il poli de prononcer les phrases suivantes ?

	oui	non
a. Vous habitez un joli quartier…	☐	☐
b. Votre maison, vous l'avez payée cher ?	☐	☐
c. Alors, cette année, la Bretagne, la montagne ou le Sud ?	☐	☐
d. Vous avez voté pour qui à l'élection présidentielle ?	☐	☐
e. Vous pouvez m'indiquer un bon restaurant, pas trop cher, avec des spécialités locales ?	☐	☐
f. Votre travail, ça marche ?	☐	☐
g. Moi, je gagne un peu plus de 40 000 euros par an, et vous ?	☐	☐
h. Toutes ces grèves, vous supportez encore !	☐	☐
i. On pourrait échanger nos maisons, l'année prochaine ?	☐	☐
j. Elle est neuve, votre voiture… Vous en changez souvent ?	☐	☐

3. Faites correspondre ces remarques avec les témoignages de la page 81.

a. « Pour un Français, le menu d'un repas doit avoir trois ou quatre plats. » → _____

b. « Les Français se vouvoient souvent. » → _____

c. « Les Français se serrent la main quand ils se retrouvent. » → _____

d. « Les Français ont en famille des attitudes individualistes. » → _____

e. « Les Français conservent au restaurant la tradition chrétienne d'offrir l'eau et le pain. » → _____

4. Associez la phrase avec un geste.

a. À peu près…   **d.** Il est fou !   **g.** Mon œil !   **j.** Merci de m'avoir laissé passer.

b. Super !   **e.** Ça m'est passé sous le nez.   **h.** Bonne chance !   **k.** Oui !

c. Non !   **f.** Chut !   **i.** Excellent !   **l.** C'est rasoir.

1. _____ **2.** _____ **3.** _____ **4.** _____ **5.** _____ **6.** _____

7. _____ **8.** _____ **9.** _____ **10.** _____ **11.** _____ **12.** _____

• Compréhension de l'oral

1. ⏱ 27 Voici cinq messages d'aéroport. Écoutez et complétez le tableau.

	Destination	Numéro de vol	Porte d'embarquement
1.			
2.			
3.			
4.			
5.			

• Compréhension des écrits

Lisez ce document et répondez en cochant les bonnes cases.

Sept conseils pour bien se reposer

1 Ne pas avoir peur des pulsions de sommeil ; faire la sieste quand on en ressent le besoin.

2 S'installer confortablement dans une semi-obscurité si nécessaire et au calme.

3 Fermer les yeux.

4 Décroiser bras et jambes.

5 Décontracter les muscles du cou, du dos, des bras et des jambes.

6 Ralentir progressivement la respiration qui ne doit rester ni trop lente ni trop rapide.

7 Ne pas chercher à s'endormir à tout prix : un sommeil superficiel est aussi réparateur qu'un sommeil profond.

1. Le document s'adresse :

☐ **a.** aux touristes   ☐ **b.** aux enfants   ☐ **c.** aux adultes qui travaillent

2. Ce document :

☐ **a.** parle des mauvaises habitudes

☐ **b.** donne des conseils

☐ **c.** propose une méthode pour lutter contre le sommeil

3. Son objectif est de :

☐ **a.** persuader du bon usage de la sieste

☐ **b.** permettre de faire soi-même des exercices de gymnastique douce

☐ **c.** utiliser le mieux possible son temps libre

4. Les pulsions du sommeil sont :

☐ **a.** le moment où la respiration se ralentit

☐ **b.** le moment où l'on tombe dans un sommeil profond

☐ **c.** le moment où le sommeil vous indique que c'est le moment de faire la sieste

5. Parmi les manières de bien profiter de la sieste, le document recommande de :

☐ **a.** trouver une position confortable

☐ **b.** rechercher le sommeil de manière systématique

☐ **c.** ne pas contrôler la respiration

• Production écrite

Travail sur la comparaison. Pendant vos vacances en Bretagne, vous avez le choix entre deux menus pour votre repas d'anniversaire. Vous décrivez chacun des menus et vous les comparez.

Menu 1

◆ 12 huîtres
◆ Crêpes aux fruits de mer et épinards
◆ Salade de fruits exotiques et glace
◆ ½ bouteille de vin de Loire
◆ 25 € par personne

Menu 2

◆ Foie gras avec un verre de porto
◆ Lapin aux citrons confits et pâtes fraîches
◆ Galette aux amandes
◆ 32 € par personne

Comparez :

a. la dominante de chacun des repas (poisson/viande ; léger/lourd)

b. les différents ingrédients (rare ; cher ; exotique ; régional)

c. le prix (cher/meilleur marché ; sans ou avec boisson)

• Production orale

Vous lisez une annonce pour un voyage touristique et vous téléphonez pour obtenir des renseignements complémentaires. Voici les réponses : posez les questions.

a.

– Oui, bonjour, Tourism'Azur, je vous écoute...

b.

– C'est cela, c'est un séjour de trois jours tout compris.

c.

– Oui, il y a encore quelques places.

d.

– Non, en chambre double. Pour les chambres individuelles, il y a un supplément.

e.

– Oui, même le prix des visites guidées est inclus.

f.

– La dégustation de vins aussi.

g.

– Le rendez-vous pour le départ est place du Château à 6 h.

h.

– Notre retour est prévu dimanche soir vers 21 h.

i.

– Pour réserver vous devez soit passer à l'agence, soit le faire directement sur notre site Internet www. tourismazur (tout attaché).fr

À vos risques et périls !

Travail avec les pages Interactions

Vocabulaire

- aventurier (n.m.)

bout (n.m.)

cercle (n.m.)

chaos (n.m.)

collaborateur (n.m.)

commande (n.f.)

crabe (n.m.)

crustacé (n.m.)

déplacement (n.m.)

disparition (n.f.)

échec (n.m.)

essai (n.m.)

expédition (n.f.)

exploit (n.m.)

fauve (n.m.)

fiction (n.f.)

handicap (n.m.)

îlot (n.m.)

inventaire (n.m.)

objectif (n.m.)

observation (n.f.)

obstacle (n.m.)

opération (n.f.)

péninsule (n.f.)

planète (n.m.)

prothèse (n.f.)

risque (n.m.)

scientifique (n.)

taux (n.m.)

tentative (n.f.)

traîneau (n.m.)

traversée (n.f.)

voile (n.f.)

volonté (n.f.)

- amputé (adj.)

dramatique (adj.)

énergique (adj.)

grave (adj.)

inconscient (adj.)

magnétique (adj.)

médiatique (adj.)

mixte (adj.)

peuplé (adj.)

polaire (adj.)

rocheux (adj.)

solitaire (adj.)

volontaire (adj.)

- accomplir (v.)

commenter (v.)

décoller (v.)

décourager (v.)

dépasser (se) (v.)

dérouter (v.)

dresser (v.)

encourir (v.)

enlever (v.)

explorer (v.)

faillir (v.)

filmer (v.)

indiquer (v.)

libérer (v.)

réaliser (v.)

rejoindre (v.)

relever (v.)

relier (v.)

sauter (v.)

témoigner (v.)

tenter (v.)

- probablement

uniquement

1. Le vocabulaire du paysage. Reliez les noms de la liste avec les dessins correspondants.

a. une plaine – **b.** un volcan – **c.** une montagne – **d.** un îlot – **e.** un pic – **f.** la mer – **g.** une rivière – **h.** une forêt – **i.** une péninsule – **j.** un lac – **k.** une chaîne de montagnes – **l.** un fleuve.

1. _____

2. _____

3. _____

4. _____

5. _____

6. _____

7. _____

8. _____

9. _____

10. _____

11. _____

12. _____

2. Lisez les textes des pages 90 et 91 et dites si les phrases suivantes sont vraies ou fausses.

	vrai	faux
a. Philippe Croizon a réussi à relier les cinq continents à la nage.	☐	☐
b. Jean-Louis Étienne n'a qu'un objectif sportif.	☐	☐
c. Philippe Croizon a commenté les jeux Paralympiques.	☐	☐
d. En 2002, Jean-Louis Étienne a dérivé quatre mois sur la banquise.	☐	☐
e. En 1994, Philippe Croizon a été victime d'un grave accident.	☐	☐
f. Florence Aubenas a été fait prisonnière plusieurs mois par un groupe armé.	☐	☐
g. Jean-Louis Étienne a atteint le pôle Nord, seul, en traîneau.	☐	☐

3. Du verbe au nom.

a. découvrir → **une découverte**

d. risquer → _____

b. réussir → _____

e. essayer → _____

c. échouer → _____

f. tenter → _____

4. Complétez ces titres de presse avec les noms de l'exercice 2.

a. _____ **totale de l'opération :
tous sauvés**

**Conséquence de l'emploi des OGM :
personne ne croit au**

b. _____ **zéro.**

Lutte contre le cancer :

c. ....
d'un nouveau médicament.

e. Le sportif a battu le record
du saut en hauteur
à son troisième _____ .

d. _____ des négociations :
pas d'accord entre les deux pays.

5. Complétez avec les adjectifs de la liste.

énergique – fou – courageux – inconscient – volontaire.

a. Jean est pompier. Il n'a pas peur du danger, il est _____ .

b. Marie a une activité professionnelle. Elle élève seule ses deux enfants et réussit aussi avoir des activités personnelles.

Elle est très _____ .

c. Pour son avenir, Mathieu sait ce qu'il veut. Il est _____ .

d. La descente de cette rivière en canoë est très dangereuse. Il faut être _____ ou _____ pour la tenter.

Travail avec les pages Ressources

Rappelez-vous

Le passif permet de mettre en valeur l'objet de l'action :

■ **Au présent**
Des artisans fabriquent _ces objets d'art._
Ces objets d'art sont fabriqués par des artisans.

■ **Au passé**
Dumas a écrit _Les Trois Mousquetaires._
Les Trois Mousquetaires a été écrit par Dumas.

■ **Au futur**
L'acteur Philippe Torreton jouera _Cyrano de Bergerac._
Cyrano de Bergerac sera joué par Philippe Torreton.

1. Mettez les mots soulignés en début de phrase.

La visite du musée

a. Le professeur a proposé <u>la visite du musée</u>. → *La visite du musée a été proposée par le professeur.*

b. Les étudiants ont fait <u>des recherches sur Internet</u>. → _____

c. Un groupe d'étudiants a rassemblé <u>des documents</u>. → _____

d. Deux professeurs ont élaboré <u>le programme de la visite</u>. → _____

e. On apprécie <u>le programme de la visite du musée</u>. → _____

f. Le professeur félicitera <u>toute l'équipe</u> pour son travail de préparation. → _____

2. Transformez les phrases suivantes en commençant par le mot souligné.

Vacances ratées

a. Sur la route, la police <u>nous</u> a contrôlés. → *Nous avons été contrôlés par la police.*

b. Au camping, le voisin a agressé <u>Pierre</u>. → _____

c. Au supermarché, on m'a volé <u>ma carte bancaire</u>. → _____

d. Heureusement, un ami nous a prêté <u>de l'argent</u>. → _____

e. Au retour, la voiture est tombée en panne. Un chauffeur de camion a conduit <u>la voiture</u> au village voisin

→ _____

3. Souhaits : Mettez les verbes entre parenthèses à la forme qui convient.

a. Négociations

Je souhaite que les partenaires *(accepter)* _____ de discuter avec nous. Je crains que tu n'*(accorder)*

_____ pas assez d'importance à leurs propositions. Je souhaite que nous *(approfondir)* _____

nos discussions et qu'ils *(reconnaître)* _____ nos désaccords.

b. Désaccords

Moi, j'ai envie que nous *(être)* _____ plus souvent ensemble. Je souhaite que nous *(prendre)* _____

régulièrement des week-ends. Mais Patrick a peur *(partir)* _____ Il veut bien qu'on *(aller)* _____

au restaurant ou que nos amis *(venir)* _____ à la maison.

4. Expression des sentiments. Reformulez la phrase comme dans l'exemple.

a. Tu ne veux pas sortir. Je le regrette → *Je regrette que tu ne veuilles pas sortir.*

b. Tu t'occupes des enfants. Je le souhaite → _____

c. Ils ne me rejoindront pas plus tard. Je le crains → _____

d. Tes parents ne seront pas là pour les accueillir. J'en ai peur → _____

e. On ira ensuite au cinéma et au restaurant. Je suis contente → _____

5. Expression des sentiments. Associez les deux phrases comme dans l'exemple.

a. Vous ne pouvez pas témoigner. Je le regrette. → *Je regrette que vous ne puissiez pas témoigner.*

b. Nous pourrons aborder certains sujets. Je l'espère.

→ _____

c. Vous interviendrez. Je le souhaite.

→ _____

d. Ils se tairont tous. J'en ai peur.

→ _____

e. Nous allons les laisser intervenir. J'en ai envie.

→ _____

🎧 Entraînement à l'oral

Vocabulaire

• dingue (n.m.) _____	panique (n.f.) _____	éloigner (s') (v.) _____
électricité (n.f.) _____	port (n.m.) _____	faire (s'en –) (v.) _____
épreuve (n.f.) _____	• angoissé (adj.) _____	rassurer (v.) _____
fenêtre (n.f.) _____	bête (adj.) _____	• vraiment _____
garage (n.m.) _____	inquiet (adj.) _____	
mécanique (n.f.) _____	• débrouiller (se) (v.) _____	

Prononcez

1. 🔊 **28** Différenciez. Cochez le pronom que vous entendez.

	les	le	la
a.			
b.			
c.			
d.			
e.			

	les	le	la
f.			
g.			
h.			
i.			
j.			

Vérifiez votre compréhension

2. Vrai (V) ou faux (F) ?

a. Kamel répète avec Nadia une pièce de théâtre. _____

b. Kamel attend les résultats d'un concours. _____

c. Kamel a raté le concours. _____

d. Kamel décide d'arrêter ses études d'économie
pour faire du théâtre. _____

e. Les parents de Kamel sont d'accord. _____

f. Nadia encourage Kamel. _____

g. Nadia fait des études de médecine. _____

h. Nadia et Kamel se séparent. _____

3. ⏱ **29** Regardez les photos et écoutez le récit de l'exploit. Complétez les informations.

Nom : Bertrand Piccard

Nationalité : _____

Profession : _____

Exploit réalisé en 1999 : _____
_____

Autres tentatives et causes des échecs

1997 : _____

1998 : _____

Projet pour 2008 : _____

Parlez

4. ⏱ **30** Exprimez un désir comme dans l'exemple.

a. Tu viens ? J'en ai envie. → **J'ai envie que tu viennes.**

b. Tu lis ? Je le voudrais bien. → _____

c. Vous traduisez ce texte ? Je le souhaite. → _____

d. Nous allons au théâtre ? J'en ai envie. → _____

e. Tu vas réussir. Je le désire. → _____

f. Tu viens à mon anniversaire ? J'aimerais bien. → _____

5. ⏱ **31** Exprimez l'obligation. Confirmez comme dans l'exemple.

Travail urgent

a. Vous devez venir. → **Il faut que vous veniez.**

b. Nous devons nous organiser. → _____

c. Nous devons nous occuper du problème. → _____

d. Après, vous devez vous détendre → _____

e. Et vous devez vous amuser. → _____

Pages Écrits et Civilisation

Vocabulaire

• célébrité (n.f.) _____
championnat (n.m.) _____
compétition (n.f.) _____
cycliste (n.) _____
dopage (n.m.) _____
épreuve (n.f.) _____
équitation (n.f.) _____
footing (n.m.) _____
inscrit (n.m.) _____
malhonnêteté (n.f.) _____
marathon (n.m.) _____
match (n.m.) _____
média (n.m.) _____
minceur (n.f.) _____
nation (n.f.) _____
organisme (n.m.) _____
participation (n.f.) _____
patinage (n.m.) _____
planche (n.f.) _____

plongée (n.f.) _____
présence (n.f.) _____
rive (n.f.) _____
spécialiste (n.m.) _____
surprise (n.f.) _____
téléspectateur (n.m.) _____
tonne (n.f.) _____
tournoi (n.m.) _____
violence (n.f.) _____
• baigné (adj.) _____
climatique (adj.) _____
identique (adj.) _____
timide (adj.) _____
principal (adj.) _____
• amméliorer (v.) _____
attirer l'attention (v.) _____
avouer (v.) _____
battre (v.) _____
briller (v.) _____

dater (v.) _____
déclarer (v.) _____
détacher (v.) _____
emporter (v.) _____
exploser (v.) _____
marquer (v.) _____
mener (v.) _____
pratiquer (v.) _____
prévoir (v.) _____
réchauffer (v.) _____
remonter (v.) _____
signer (v.) _____
truster (v.) _____
• effectivement _____
entièrement _____
la plupart _____
largement _____
progressivement _____
honneur à _____

1. Vous avez bien compris. Lisez l'article et retrouvez les informations suivantes :

a. Nombre d'inscrits : _____

b. Nombre de participants : _____

c. Numéro d'édition du Marathon de Paris : _____

d. Longueur du Marathon : _____

e. Temps réalisé par la gagnante : _____

f. Nationalité de la gagnante : _____

g. Temps réalisé par le gagnant : _____

h. Nationalité du vainqueur : _____

i. Détentrice du record féminin de l'épreuve : _____

j. Âge du vainqueur : _____

k. Qui a amélioré son record de trois minutes ? _____

l. Où Peter Some avait-il réalisé son précédent record ? _____

2. Trouvez dans la liste le sentiment qu'ils expriment.
déception – optimisme – enthousiasme – pessimisme – confiance.
Paroles entendues dans le stade

a. On est les Champions ! On est les Champions ! → _____

b. Dommage ! On a eu plusieurs fois l'occasion de revenir au score… → _____

c. Aujourd'hui, c'est sûr, l'équipe n'atteindra pas ses objectifs. → _____

d. C'est sûr ! On va gagner ! → _____

e. Si nous restons unis dans l'effort, nous gagnerons. → _____

3. Lisez ces phrases. Associez-les à un sport.

a. Le Belge Van Loo, vainqueur de l'étape Grenoble-Gap. → _____

b. Estelle a nagé le 400 m en 5 min. → _____

c. Didier Bon a sauté 2,30 m. → _____

d. Les Onze de Bordeaux ont marqué trois buts. → _____

e. Nous avons fait un parcours 18 trous. → _____

f. Lors du concours, le cheval de Bastien a fait une chute. → _____

4. Trouvez les qualités développées par chaque sport.

le sens du rythme – l'équilibre – les réflexes – l'esprit d'équipe – le goût de la nature.

a. le rugby → _____

b. la danse → _____

c. le tennis de table → _____

d. le ski → _____

e. la randonnée → _____

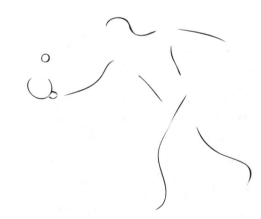

La vie est dure

Vous allez apprendre à :

- ☑ parler des activités quotidiennes et des conditions de vie
- ☑ exprimer l'appartenance
- ☑ utiliser les pronoms possessifs et les adjectifs et pronoms indéfinis

Travail avec les pages Interactions

Vocabulaire

- ampoule (n.f.) _____
- appareil (n.m.) _____
- aspirateur (n.m.) _____
- baignoire (n.f.) _____
- bouton (n.m.) _____
- bricolage (n.m.) _____
- bricoleur (n.m.) _____
- couvert (n.m.) _____
- égalité (n.f.) _____
- entretien (n.m.) _____
- évier (n.m.) _____
- four (n.m.) _____
- intérieur (n.m.) _____
- kit (n.m.) _____
- lavabo (n.m.) _____
- lave-linge (n.m.) _____
- lave-vaisselle (n.m.) _____

- lessive (n.f.) _____
- linge (n.m.) _____
- lit (n.m.) _____
- ménage (n.m.) _____
- meuble (n.m.) _____
- miroir (n.m.) _____
- poubelle (n.f.) _____
- poussière (n.f.) _____
- réfrigérateur (n.m.) _____
- repassage (n.m.) _____
- sol (n.m.) _____
- sondage (n.m.) _____
- tâche (n.f.) _____
- vaisselle (n.f.) _____
- complémentaire (adj.) _____
- dur (adj.) _____
- idéal (adj.) _____

- rare (adj.) _____
- sale (adj.) _____
- surgelé (adj.) _____
- accrocher (v.) _____
- coudre (v.) _____
- débarrasser (v.) _____
- éplucher (v.) _____
- étendre (v.) _____
- imposer (v.) _____
- nettoyer (v.) _____
- ranger (v.) _____
- repasser (v.) _____
- résoudre (v.) _____
- tirer (v.) _____
- vider (v.) _____

1. Relisez le sondage. Trouvez les expressions correspondant aux activités du tableau.

Nettoyer	Cuisiner	Bricoler
Faire la lessive ...		

2. Associez.

a. changer   **1.** des photos
b. mettre   **2.** le linge
c. passer   **3.** le couvert
d. étendre   **4. une ampoule**
e. coudre   **5.** l'aspirateur
f. tirer   **6.** la table
g. débarrasser   **7.** un bouton

3. Trouvez le nom correspondant à chaque verbe. Classez-le dans le tableau.

a. ranger _____   **e.** changer _____   **i.** cuire _____

b. repasser _____   **f.** accrocher _____   **j.** résoudre _____

c. préparer _____   **g.** installer _____   **k.** sortir _____

d. laver _____   **h.** monter _____   **l.** coudre _____

Suffixe -(e)ment	Suffixe -age	Suffixe -tion	Autres suffixes
Le rangement			

4. Complétez avec les verbes de l'exercice 3.

Vacances...

a. changer la réservation   **d.** _____ tes affaires

b. _____ les bagages   **e.** _____ le barbecue

c. _____ la tente   **f.** _____ le steak

Travail avec les pages Ressources

Vocabulaire

• banc (n.m.) _____   saluer (v.) _____   n'importe ...
• appartenir (v.) _____   • aucun

1. À qui ça appartient ? Répondez.

Jalousie

a. C'est sa propriété ? – Oui, c'est **la sienne**.

b. C'est son château ? – Oui, c'est _____.

c. Ce sont ses voitures ? – Oui, ce sont _____.

d. C'est ton ami ? – Oui, c'est _____.

e. Ce sont tes bijoux ? – Oui, ce sont _____.

f. Ce sont vos forêts ? – Oui, ce sont _____.

g. Ce sont les chevaux de vos enfants ? – Oui, ce sont _____.

2. Complétez avec « appartenir à... », « faire partie de ... » ou « posséder ».

a. Il **appartient à (fait partie de)** une association écologiste.

b. Elle _____ tous les DVD des films avec Jean Reno.

c. Il _____ une copie du contrat.

d. Il _____ de l'équipe de football de Marseille.

e. Elle _____ un patrimoine important.

f. Elle _____ une collection de bandes dessinées.

g. Cette montre _____ Lucie.

3. Voici un sondage effectué auprès de jeunes étudiants. Remplacez les pourcentages par un pronom indéfini.
aucun n' – beaucoup – la moitié – la plupart – peu – quelques-uns – tous – très peu.

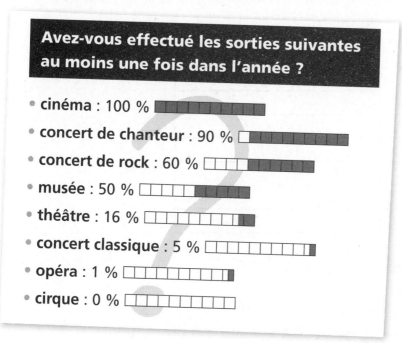

a. _____ sont allés au cinéma.

b. _____ ont écouté un chanteur.

c. _____ ont assisté à un concert de rock.

d. _____ sont allés au musée.

e. _____ sont allés au théâtre.

f. _____ sont allés à un concert de musique classique.

g. _____ sont allés à l'opéra.

h. _____ est allé au cirque.

4. Rédigez les réponses en utilisant les mots de quantité entre parenthèses.
On interroge Cédric sur ses goûts en matière de télévision.

a. Tu regardes les journaux télévisés ? (*tous*) – Oui, **je les regarde tous**.

b. Tu regardes les séries ? (*la plupart*) – Oui, _____

c. Tu aimes les publicités ? (*certains*) – Oui, _____

d. Tu regardes des émissions politiques ? (*quelques*) – Oui, _____

e. Et tu regardes les émissions de variétés ? (*aucun*) – _____

🎧 Entraînement à l'oral

Vocabulaire

• colocataire (n.) _____

confiance (n.f.) _____

domicile (n.m.) _____

locataire (n.) _____

réparation (n.f.) _____

• avertir (v.) _____

compter sur (v.) _____

fier à (se) (v.) _____

méfier (se – de) (v.) _____

sentir (v.) _____

• tout à l'heure _____

Prononcez

1. 🕐 **32** [v] ou [f] ? Distinguez.

	[v]	[f]
a.		
b.		
c.		
d.		
e.		
f.		

Vérifiez votre compréhension

2. **Avez-vous bien compris l'histoire ?**

a. Que cherche Kamel dans la scène 1 ? _____

b. Qui est Loïc ? _____

c. Quel est le prix de la chambre ? _____

d. Dans la scène 2, comment s'appelle l'entreprise qui offre un travail ? _____

e. Quel type de travail propose l'entreprise ? _____

f. Kamel accepte-t-il de travailler pour cette entreprise ? _____

Parlez

3. 🕐 **33** À qui est-ce ? Répondez selon les instructions.

a. Cette valise est à vous ? – Oui, c'est la mienne.

b. Et ce foulard, il est à vous ? – Non, _____

c. Ces vêtements sont à eux ? – Oui, _____

d. Et cette cravate, elle est à lui ? – Non, _____

e. Et ces manteaux, ils sont à nous ? – Oui, _____

4. 🕐 **34** Écoutez les questions du DRH pendant l'entretien d'embauche. À quelle partie du CV correspond chaque question ?

a. Nom : **Maupas** – Prénom : **Armelle**

b. Date de naissance : _____

c. Situation de famille : _____

d. Expérience professionnelle : CDD (contrat à durée déterminée) _____

e. Expérience professionnelle : CDI (contrat à durée indéterminée) _____

f. Raisons du départ : _____

g. Langues parlées : _____

h. Maîtrise des outils informatiques : _____

i. Centres d'intérêt : _____

Pages Écrits et Civilisation

Vocabulaire

- arc-en-ciel (n.m.) _____
- candidature (n.f.) _____
- carrière (n.f.) _____
- conformisme (n.m.) _____
- délocalisation (n.f.) _____
- élite (n.f.) _____
- embauche (n.f.) _____
- étiquette (n.f.) _____
- fusion (n.f.) _____
- injustice (n.f.) _____
- innovation (n.f.) _____
- insatisfaction (n.f.) _____
- manuel (n.m.) _____
- modèle (n.m.) _____
- montant (n.m.) _____
- pharmacien (n.m.) _____

- précarité (n.f.) _____
- restructuration (n.f.) _____
- revenu (n.m.) _____
- sécurité (n.f.) _____
- souhait (n.m.) _____
- synonyme (n.m.) _____
- système (n.m.) _____
- usine (n.f.)) _____
- vedette (n.f.) _____
- alimentaire (adj.) _____
- dépourvu (adj.) _____
- insatisfait (adj.) _____
- perfectible (adj.) _____
- qualifié (adj.) _____
- satisfait (adj.) _____
- spécialiste (adj.) _____

- cohabiter (v.) _____
- contenter (se) (v.) _____
- craindre (v.) _____
- dégoutter (v.) _____
- déplacer (se) (v.) _____
- efforcer de (s') (v.) _____
- estimer (v.) _____
- examiner (v.) _____
- licencier (v.) _____
- limiter (v.) _____
- mentir (v.) _____
- pourvoir (v.) _____
- réconcilier (se) (v.) _____
- requérir (v.) _____
- cas échéant _____

1. Dans l'article « La France insatisfaite », à quoi correspondent les chiffres suivants ? Utilisez les mots : *montant*, *nombre* et *taux*.

a. 11 ans : **nombre d'années de travail en moins dans une vie.**

b. 26 % : _____

c. 6 millions : _____

d. 11 % : _____

e. 1150 € : _____

f. 15 % : _____

2. D'après les informations du texte « La France insatisfaite », donnez votre opinion sur les affirmations suivantes :

a. Les jeunes ont beaucoup de chance aujourd'hui. _____

_____

b. Quand on est fonctionnaire, on ne risque pas d'être au chômage. _____

_____

c. En France, la fracture sociale est importante. _____

_____

3. Remplacez les groupes en italique par un mot ou une expression de la chanson de Diam's.

a. Cet enfant *ne supporte pas l'autorité*.

b. L'étudiant *a manqué* le cours de français pour aller au cinéma.

c. Paul et Lucie s'étaient disputés. Ils *ont fait la paix*.

d. En France, Pierre *voyage* toujours en TGV.

e. Dans cette affaire, quelqu'un *ne dit pas la vérité*.

f. Si on me téléphone quand je travaille, ça m'*ennuie*.

4. L'emploi. Complétez avec les mots de la liste.

le chômage – un curriculum vitæ (CV) – délocaliser – embaucher – un emploi – un licenciement – un poste – les revenus.

a. Rémi avait _____ de contrôleur de la qualité dans une fabrique de vêtements.

b. Mais, il y a un an, l'usine _____ sa production en Asie du Sud-Est.

c. Rémy a reçu une lettre de _____ . Il s'est retrouvé au _____ .

d. Il s'est tout de suite mis à rechercher _____ .

e. Pour cela il a envoyé son _____ à une cinquantaine d'entreprises.

f. Une usine de vêtements de sport l'_____ .

g. Il gagne moins qu'il y a un an. Ses _____ ont baissé.

Que choisir ?

Vous allez apprendre à :

☑ décrire un objet
☑ exprimer une opinion sur une personne
☑ utiliser les pronoms démonstratifs

Travail avec les pages Interactions

Vocabulaire

• aluminium (n.m.)	cuir (n.m.)	or (n.m.)
argent (n.m.)	cuisinière (à gaz) (n.f.)	oreiller (n.m.)
balai (n.m.)	cuivre (n.m.)	pelle (n.f.)
béton (n.m.)	diamant (n.m.)	plastique (n.m.)
bois (n.m.)	dimension (n.f.)	plomb (n.m.)
brique (n.f.)	drap (n.m.)	porcelaine (n.f.)
brosse à dents (n.f.)	enchère (n.f.)	rectangle (n.m.)
bureau (meuble) (n.m.)	étagère (n.f.)	recueil (n.m.)
cafetière (n.f.)	fer (n.m.)	rideau (n.m.)
canapé (n.m.)	gant (n.m.)	robot (n.m.)
carré (n.m.)	hauteur (n.f.)	savon (n.m.)
centimètre (n.m.)	illustration (n.f.)	textile (n.m.)
chaîne hi-fi (n.f.)	laine (n.f.)	traversin (n.m.)
chaise (n.f.)	largeur (n.f.)	triangle (n.m.)
champion (n.m.)	longueur (n.f.)	velours (n.m.)
chevet (n.m.)	marbre (n.m.)	• allongé (adj.)
commode (n.f.)	marqueur (n.m.)	halogène (adj.)
congélateur (n.m.)	matelas (n.m.)	précieux (adj.)
coton (n.m.)	matière (n.f.)	• embarrasser (v.)
couette (n.f.)	métal (n.m.)	recouvrir (v.)
coussin (n.m.)	micro-ondes (n.m.)	
cube (n.m.)	millimètre (n.m.)	

1. Sur le site « Tout pour tous », page 106 du livre de l'élève, trouvez des objets qui servent à :

a. faire des rangements : _____

_____

b. nettoyer : _____

c. faire sa toilette : _____

d. faire la cuisine : _____

_____

e. prendre un repas : _____

f. se détendre : _____

g. dormir : _____

2. Éliminez l'intrus.

a. canapé – chaise – lit – fauteuil – bibliothèque.

b. matelas – buffet – armoire – commode – étagères.

c. corbeille à papier – four à micro-ondes – lampe de bureau – ordinateur.

d. lave-vaisselle – lave-linge – grille-pain – balai – aspirateur.

e. rideaux – draps – couverture – serviette de bain – table de chevet.

3. Trouvez l'adjectif correspondant au nom.

a. une sphère   → **sphérique**

b. un cube   → _____

c. une pyramide → _____

d. un carré   → _____

e. un rectangle → _____

f. un rond   → _____

g. le métal   → _____

h. l'or   → _____

i. l'argent   → _____

4. Associez objets et matériaux.

a. une armoire en	**1.** velours
b. des draps en	**2.** plastique
c. un canapé en	**3.** coton
d. un porte-savon en	**4.** porcelaine
e. une tasse en	**5.** bois

5. Formez des expressions à l'aide des mots suivants.

or – plomb – pierre – bois – fer.

a. Il parle avec des stéréotypes. Ce qu'il dit, c'est de la langue de _____ .

b. Elle est insensible. Elle a un cœur de _____ .

c. Ce tableau s'est vendu très cher. Il s'est vendu à prix _____ .

d. Il n'est jamais malade. Il a une santé de _____ .

e. Après la marche fatigante, je me suis endormi d'un sommeil de _____ .

Travail avec les pages Ressources

Vocabulaire

• collier (n.m.) _____

1. Complétez avec quel (quelle, etc.) ou lequel (laquelle, etc.).

Recherche

a. Allô, tu as trouvé le formulaire ?

– Lequel ?

b. Le formulaire d'inscription, il est sur la table.

– _____, celle du salon ?

c. Oui, il est avec les dossiers.

– _____ ? Les tiens ou les miens ?

d. Les tiens. Tu les vois ?

– Je les vois mais le formulaire est dans _____ dossier ?

e. Le rouge, et prends aussi mes cartes de l'université.

– _____ ? La carte d'étudiant ? Celle de la bibliothèque ? Celle du club de sport ?

f. Toutes et envoie-moi tous ces documents à mon adresse.

– _____ ? Ton adresse professionnelle ou ton adresse personnelle ?

2. Complétez avec celui (celle) … de, qui, que, où…

a. On regarde un DVD ce soir ? *The Artist* avec Jean Dujardin, ça te va ?

—Jean Dujardin, **celui qui** a gagné l'Oscar ?

b. Exactement !

—Comment s'appelle l'actrice, _____ fait le rôle de Peppy Miller ?

c. Bérénice Béjo, _____ tu as trouvé excellente dans *Le Passé* un film iranien qui se passe à paris.

—Ah oui, _____ a un rôle d'espionne.

c. Non, tu confonds avec les *OSS 117*. *OSS 117, Le Caire Nid d'espions* ou *Rio ne répond plus*, c'est _____ il y a Jean Dujardin qui fait un espion français très drôle. J'adore les films policiers parodiques.

—Ce sont _____ je préfère.

d. Alors d'accord pour voir *The Artist* ?

—Si c'est _____ tu veux voir, regardons-le.

3. Complétez avec « ce … qui » ou « ce …. que ».

• Qu'est-ce que tu veux écouter ?

– Ce que tu veux…

• Mais dis-moi _____ tu as envie d'écouter. Avec toi, _____ est énervant, c'est que tu

n'oses pas dire _____ tu penses.

– Non, mais d'habitude, j'aime bien _____ tu me fais écouter ou _____ tu me fais lire.

• Alors on écoute _____ me plaît : le dernier Daft Punk.

4. Lisez ces annonces publicitaires et complétez le tableau.

	Qui fait la publicité ?	Quel est le mot qui permet la comparaison ?	Qu'est-ce qui est comparé ?
a.	Une compagnie d'assurances	comme	Deux lieux (la mer, la montagne)
b.			
c.			
d.			
e.			
f.			

a.

b.

c.

d.

e.

f.

5. Commentez les chiffres des pratiques culturelles des Français.

a. Dépenses – audiovisuel : 15 milliards / écrit : 9 milliards.

Les Français dépensent plus pour l'audiovisuel que pour l'écrit. C'est pour l'audiovisuel qu'ils dépensent le plus.

b. Sorties – opéra 3 % / théâtre 16 %

c. Pratique du sport – football : 2,150 millions / tennis : 1,050 million

d. Déplacements – rollers : 4 millions / vélo : 13 millions

e. Musique – chanson française 58 % / variété internationale : 36 %

🌐 Entraînement à l'oral

Vocabulaire

- billetterie (n.f.) _____
cabaret (n.m.) _____
fric (n.m.) _____

réparation (n.f.) _____
- avertir (v.) _____
compter sur (v.) _____

consulter (v.) _____
sélectionner (v.) _____
taper (v.) _____

Prononcez

1. 🔊 **35** Écoutez et distinguez.

	[s]	[z]
a.		
b.		
c.		
d.		
e.		
f.		

Vérifiez votre compréhension

2. Avez-vous bien compris l'histoire ? Répondez aux questions.

a. Que font Cédric et Agnès ? _____

b. Comment Kamel rencontre-t-il Clémentine ? _____

c. Comment fêtent-ils leur sélection pour le casting ? _____

d. Où est-ce que Clémentine travaille le soir ? _____

e. Qu'est-ce que Kamel écrit ? _____

f. Qu'est-ce que le patron du Troubadour propose à Clémentine et à Kamel ? _____

3. 🕧 **36** Écoutez ces répondeurs téléphoniques. Que doit faire celui qui appelle ?

a. _____

b. _____

c. _____

d. _____

e. _____

Parlez

4. 🕧 **37** Exprimez l'indifférence. Répondez comme dans l'exemple.

On prépare la valise.

a. Quelle robe veux-tu prendre ? **– N'importe laquelle, celle que tu veux.**

b. Quel pull veux-tu emporter ? – _____

c. Quelles chaussures veux-tu prendre ? – _____

d. Quels livres voudras-tu lire ? – _____

e. Quelle casquette voudras-tu porter ? – _____

5. 🕧 **38** Faites des remarques superlatives avec _le plus, le meilleur, le mieux._

a. C'est un bon restaurant ? **– Oui, c'est le meilleur.**

b. Il est bien fréquenté ? – _____

c. La cuisine est aussi bonne qu'ailleurs ? – _____

d. Il est très cher ? – _____

e. Il est bien situé ? – _____

Pages Écrits et Civilisation

Vocabulaire

• abonnement (n.m.) _____	pourcentage (n.m.) _____	confidentiel (adj.) _____
abri (n.m.) _____	prélèvement (n.m.) _____	mobile (adj.) _____
allocation (n.f.) _____	reçu (n.m.) _____	• approvisionner (v.) _____
carnet (n.m.) _____	relevé (de compte) (n.m.) _____	appuyer (v.) _____
charge (n.f.) _____	remise (n.f.) _____	calculer (v.) _____
chauffeur (n.m.) _____	renouvellement (n.m.) _____	clôturer (v.) _____
clavier (n.m.) _____	retrait (n.m.) _____	comparer (v.) _____
découvert (à) (n.m.) _____	solde (n.m.) _____	déposer (v.) _____
dépense (n.f.) _____	taxe (n.f.) _____	désirer (v.) _____
dépôt (n.m.) _____	taxe foncière (n.f.) _____	économiser (v.) _____
guichet (n.m.) _____	touche (n.f.) _____	insérer (v.) _____
impôt (n.m.) _____	traitement (salaire) (n.m.) _____	obtenir (v.) _____
opération (n.f.) _____	versement (n.m.) _____	recharger (v.) _____
ouvreuse (n.f.) _____	vignette (n.f.) _____	récupérer (v.) _____
plombier (n.m.) _____	virement (n.m.) _____	toucher (v.) _____
pourboire (n.m.) _____	• brut (adj.) _____	• en principe _____

1. Trouvez le contraire.

a. verser de l'argent sur un compte ≠ **retirer de l'argent**

b. économiser ≠ _____

c. être à découvert ≠ _____

d. ouvrir un compte ≠ _____

e. gagner de l'argent au jeu ≠ _____

2. Remettez dans l'ordre les instructions de la billetterie de la SNCF.

a. Composez votre code.

c. Voulez-vous voyager en première ou en deuxième classe ?

b. Choisissez votre destination.

d. Prenez votre billet.

e. Retirez votre carte.

f. Quand voulez-vous partir ?

g. Validez votre demande.

h. Votre demande est acceptée, insérez votre carte bancaire.

Ordre des instructions : _____

3. Associez le verbe et son complément.

a. Insérer	**1.** un salaire
b. Recharger	**2.** sur le bouton de la sonnette
c. Toucher	**3.** la clé dans la serrure
d. Récupérer	**4.** un dossier de demande de passeport
e. Appuyer	**5.** les déchets recyclables
f. Déposer	**6.** la batterie du portable

4. Relisez le texte de la page 113. Dites si les affirmations suivantes sont vraies ou fausses ?
En France...

	vrai	faux
a. Tous les commerçants n'acceptent pas les billets de 50 €.	☐	☐
b. Les pourboires sont obligatoires.	☐	☐
c. Il n'existe pas de différence entre salaire brut et salaire net.	☐	☐
d. Dans les prix des services, les taxes ne sont souvent pas comprises.	☐	☐
e. Un loyer inclut les charges de l'immeuble.	☐	☐
f. Les Français paient des impôts sur leur salaire, leur logement, la télévision et sur leur propriété.	☐	☐

Je sais faire

Travail avec les pages Interactions

Vocabulaire

- archéologue (n.m.)

artisan (n.m.)

attaché (n.m.)

bibliothécaire (n.m./f.)

boucher (n.m.)

boulanger (n.m.)

chantier (n.m.)

commerçant (n.m.)

concepteur (n.m.)

consultant (n.m.)

diplomate (n.m.)

économiste (n.m.)

environnement (n.m.)

épicier (n.m.)

garagiste (n.m.)

jardinier (n.m.)

maçon (n.m.)

marketing (n.m.)

menuisier (n.m.)

militaire (n.m.)

moyen (n.m.)

multimédia (n.m.)

pâtissier (n.m.)

psychologue (n.f./m.)

puzzle (n.m.)

restaurateur (n.m.)

sociologue (n.f./m.)

styliste (n.f./m.)

- efficace (adj.)

entreprenant (adj.)

honnête (adj.)

terre à terre (adj.)

- agir (v.)

cliquer (v.)

entraîner (v.)

profiter (v.)

1. Trouvez les formes féminines des activités.

a. Daniel est chercheur ? Et sa femme ? Elle est _____ aussi ?

– Non, elle a étudié le dessin, elle est _____ .

b. Philippe est journaliste. Est-ce que vous savez si sa femme est aussi _____ ?

– Non, elle a fait médecine, elle est _____ .

c. Lui est boulanger ? Et elle, elle est _____ ?

– Non, elle fait les gâteaux, elle est _____ .

d. Christophe s'occupe de psychologie, il est _____ et Stéphanie s'occupe de sociologie, elle est

_____ .

e. Cyril est directeur des ressources humaines. Et sa compagne ? Elle est aussi _____ ?

2. Complétez ces petites annonces.

informaticien – agent immobilier – ingénieur – infirmier – responsable marketing – architecte.

a.
Entreprise de mécanique recherche
un/une _____ en robotique.

b.
Groupe de produits de beauté
recherche pour développer
ses ventes un/une _____ .

c.
**Cabinet immobilier,
fort développement,
recrute des** _____ .

d.
Centre hospitalier universitaire
recherche _____ / _____
pour services spécialisés.

e.
Groupe bancaire recrute
un/une _____
pour développer ses services en ligne.

f.
Cabinet d'urbanisme
recherche un/une _____
spécialisé(e).

3. À quelle profession vous font penser ces objets ?

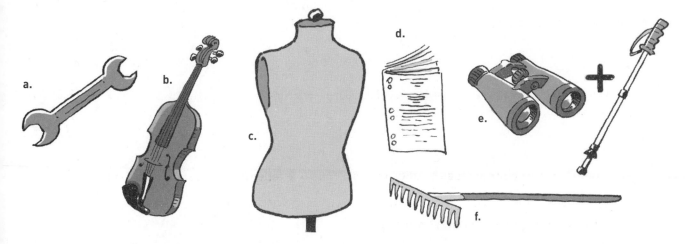

a.   b.   c.   d.   e.   f.

4. Associez profession et catégorie professionnelle.

a. vendeur de vêtements	**1.** intellectuel
b. directeur des ressources humaines	**2.** artisan
c. professeur des écoles	**3.** commerçant
d. écrivain	**4.** fonctionnaire
e. manœuvre-maçon	**5.** cadre
f. peintre en bâtiment	**6.** ouvrier

5. Parlez d'une profession. Complétez avec un verbe de la liste.

être – exercer – faire – s'occuper de – travailler.

a. Qu'est-ce qu'il **fait** comme métier ?

b. Elle _____ dans quoi ? Dans la mode. Elle _____ styliste.

c. Qu'est-ce que vous _____ dans la vie ? – Je _____ infirmière. Je _____ des malades.

d. Vous _____ quelle profession ? – Je _____ plombier.

e. Vous _____ un métier manuel ou intellectuel ? – Je suis sportif.

Travail avec les pages Ressources

Vocabulaire

- officier (n.m.) _____   malheureusement _____   tellement _____
- malgré _____

1. Présentez les avantages et les inconvénients en utilisant « trop », « très » « assez » « ne pas ... assez ».

a. film : beaucoup de violence ; situations complètement stéréotypées ; personnages attachants.

J'ai trouvé le film <u>trop</u> violent. Les situations sont <u>très</u> stéréotypées mais les personnages sont <u>assez</u> attachants.

b. le match : agréable à suivre ; joueurs pas très motivés pour gagner.

_____

_____

c. le voyage : long ; fatigant ; on garde un bon souvenir.

_____

_____

d. la maison : jolie ; claire ; loin du centre de la ville.

_____

_____

e. l'examen : questions difficiles, nombreuses et manque de temps pour y répondre.

_____

_____

2. Qu'en penses-tu ? Reliez les deux phrases en utilisant « si ... que », « tellement ... que », « tant ... que ».

Que pense-t-elle du nouveau spectacle ?

a. Il y a de beaux moments. On oublie les moments plus faibles.

→ **Il y a tellement de beaux moments qu'on oublie les moments plus faibles.**

b. C'est très différent du livre. On découvre autre chose.

→ _____

c. L'orchestre joue fort. On n'entend plus les chanteurs.

→ _____

d. Les acteurs doivent parler très fort. On a souvent l'impression qu'ils crient.

→ _____

e. Il y a beaucoup de bruit. Les spectateurs sont contents de partir.

→ _____

3. Combinez les deux verbes.

a. Tu viens en vacances avec moi ? **–** Oui, (*vouloir*). → **Oui, je veux venir.**

b. Tu partirais en juillet ? – Oui, (*aimer*) → _____

c. On prendra ta voiture ? – Non, (*pouvoir*) → _____

d. On rentrera fin août ? – Non, (*pouvoir*) → _____

e. Tu passes des examens en septembre ? – Oui, (*se préparer à*) → _____

f. Tu fais toujours du droit ? – Oui, (*continuer*) → _____

g. Et tu fais toujours de la photo ? – Non, (*arrêter*) → _____

4. Exprimer l'opposition. Complétez avec les mots de la liste.

pourtant – malgré – au contraire – en revanche – au lieu de – heureusement.

a. Ludovic ne lit jamais de romans policiers, **pourtant** il a lu le dernier Tonino Benacquista.

b. _____ le travail qu'il a, il est arrivé à trouver du temps pour le lire.

c. _____, son examen n'est que dans un mois.

d. _____, Vera qui a beaucoup de temps libre n'a pas réussi à le lire.

e. _____ lire, elle préfère aller au cinéma.

f. _____ pour elle, les vacances approchent !

🎧 Entraînement à l'oral

Vocabulaire

• aile (n.f.)	ministère (n.m.)	faire exprès (v.)
ambassadeur (n.m.)	tournée (n.f.)	jurer (v.)
batterie (n.f.)	• avouer (v.)	reprocher (v.)
bêtise (n.f.)	bloquer (v.)	tarder (v.)
communication (n.f.)	deviner (v.)	valoir la peine (v.)
constat (n.m.)	embêter (v.)	
maladresse (n.f.)	enfoncer (v.)	

Prononcez

1. 🎧 **39 Écoutez et répétez les phrases avec des « r ».**

– Moi j'aimerais être coiffeur.

– Et moi, garagiste. Et toi, qu'est-ce que tu voudrais devenir ?

– Moi ? Acteur. *Pierrot le Fou*, tu connais ?

– « Qu'est-ce que je peux faire… j'sais pas quoi faire… »

– Ou alors restaurateur… c'est plus terre à terre.

Vérifiez votre compréhension

2. Avez-vous bien compris l'histoire ? Écoutez les questions et répondez.

a. Qu'est-ce que Nadia reproche à Kamel ? _____

b. Quelles sont les différences entre Nadia et Kamel ? _____

c. À quelle occasion Kamel rencontre-t-il l'automobiliste ? _____

d. Quel est le métier de l'automobiliste ? _____

e. Quelle proposition Alain fait-il à Kamel ? _____

f. Dans quel pays Kamel se trouve-t-il quand il téléphone à son père ? _____

g. Qui est à côté de son père ? _____

3. 🕐 40 Écoutez le récit de l'accident. Prenez des notes. Faites le croquis de l'accident. Rédigez les circonstances de l'accident dans une lettre pour la compagnie d'assurances. (À faire après le travail sur la page « Écrits ».)

Parlez

4. 🕐 41 Répondez en une seule phrase comme dans l'exemple.

a. Tu déjeunes avec moi ? Tu le veux bien ? – **Oui, je veux bien déjeuner avec toi.**

b. Tu viendras seule ? C'est ce que tu souhaites ? → – Oui, _____

c. Tu te libéreras ? Tu y arriveras ? → – Oui, _____

d. Tu arriveras à l'heure, tu l'espères ? → – Oui, _____

e. Et c'est toi qui réserveras, tu ne l'oublieras pas! → – Non, _____

5. 🕐 42 Reliez comme dans l'exemple avec « tellement ... que » ou « si ... que ».

Garçon de café

a. Il y a beaucoup de travail ; je ne peux pas me libérer.

→ **Il y a tellement de travail que je ne peux pas me libérer.**

b. On est peu nombreux ; je dois travailler plus longtemps.

→ _____

c. Le soir, les clients restent tard ; je ne rentre pas avant minuit.

→ _____

d. Le soir, il y a beaucoup de monde ; je ne trouve pas de taxi.

→ _____

Pages Écrits et Civilisation

Vocabulaire

• angle (n.m.)

assurance (n.f.)

conducteur (n.m.)

contribution (n.f.)

dégât (n.m.)

incendie (n.m.)

maternité (n.f.)

pare-brise (n.m.)

permis (de conduire) (n.m.)

serrure (n.f.)

véhicule (n.m.)

vieillesse (n.f.)

vol (cambriolage) (n.m.)

• corporel (adj.)

matériel (adj.)

• accélérer (v.)

bénéficier (v.)

cambrioler (v.)

causer (v.)

constater (v.)

couvrir (v.)

croiser (v.)

démarrer (v.)

doubler (v.)

endommager (v.)

freiner (v.)

garer (se) (v.)

heurter (v.)

renverser (v.)

rouler (v.)

souscrire (v.)

stationner (v.)

• ci-joint

violemment

1. Le vocabulaire de la voiture. Reliez le nom avec la partie du dessin correspondante.

Le volant – la roue – le coffre – le toit – la portière – le moteur – le phare – l'aile – le capot – le pneu – le pare-brise – l'essuie-glace – le pare-chocs.

2. Trouvez l'action contraire.

a. démarrer ≠

b. avancer ≠

c. accélérer ≠

d. stationner ≠

e. allumer les phares ≠

f. suivre un véhicule ≠

3. À quel service de protection sociale doivent-ils s'adresser ?

a. J'ai plus de 60 ans. Je veux m'arrêter de travailler.

b. Nous avons cinq enfants.

c. J'attends un bébé.

d. Je suis mère célibataire. J'élève seule mes deux enfants.

e. Je ne gagne que le Smic. J'ai des difficultés à payer mon loyer.

f. J'ai dû payer une consultation chez un médecin.

Services de protection sociale

1. maladie

2. maternité

3. allocations familiales

4. retraite

5. aide au logement

3. Lisez le texte de la page 121. Dites si les affirmations suivantes sont vraies ou fausses.

	vrai	faux
En France...		
a. La Sécurité sociale est un système public d'assurances.	☐	☐
b. La Sécurité sociale rembourse la totalité des soins médicaux.	☐	☐
c. Vous pouvez consulter différents médecins avant d'aller voir un spécialiste.	☐	☐
d. Il existe des assurances complémentaires qui permettent un meilleur remboursement.	☐	☐
e. La Sécurité sociale est financée par tous les revenus.	☐	☐
f. La Sécurité sociale couvre la maternité, la maladie, la vieillesse.	☐	☐
g. la Sécurité sociale couvre également les habitations et les automobiles.	☐	☐
h. Les étrangers qui travaillent en France ont droit à la Sécurité sociale.	☐	☐

• Compréhension de l'oral

1. 🕐 **43 Vous écoutez vos messages sur votre téléphone portable. Vous notez :**

– le numéro de téléphone de la personne qui a laissé un message ;

– l'heure du message ;

– le nom de la personne ou du service ;

– le thème du message.

	numéro de téléphone	heure	nom de la personne ou du service	thème
1.				
2.				
3.				
4.				
5.				

• Compréhension des écrits

Lisez ce document et répondez aux questions.

CHÂTILLON

 Accueil

 Plan intercatif

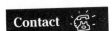 Contact

 Infos

ÉTONNEZ-VOUS

Une équipe dynamique à votre écoute !

→ **Notre service ACCUEIL vous conseille…**
Un large choix de dépliants touristiques gratuits à votre disposition : parcours découvertes ; listes des hôtels, auberges et restaurants ; calendrier des manifestations ; guide des loisirs ; informations pratiques ; billetterie spectacles…
Contact : infochatillon-accueil@wanadoo.fr

→ **Notre service GROUPES vous guide…**
Visites commentées de la cité médiévale ; circuits thématiques ; tour des 1 000 étangs de la Dombes…
Contact : infochatillon-groupe@wanadoo.fr

→ **Notre espace BOUTIQUE vous présente…**
Ouvrages sur le patrimoine local ; guides de randonnées pédestres et cyclo ; livres de recettes des produits du terroir…
Contact : infochatillon-boutique@wanadoo.fr

→ **Notre programme FAMILLE vous propose…**
Une aventure-jeu « Détective de la cité médiévale » ; des balades familiales à thèmes (médecine d'hier ; artisanat d'aujourd'hui) ; des cours de cuisine ; des ateliers au musée Tradition et Vie ; des rencontres avec les artisans d'art…
Contact : infochatillon-famille@wanadoo.fr

1. Il s'agit :

☐ **a.** d'une page de journal

☐ **b.** d'un dépliant publicitaire

☐ **c.** d'une page Internet

2. L'annonce présente :

☐ **a.** des services

☐ **b.** des cours

☐ **c.** des spectacles

3. Les informations s'adressent :

☐ **a.** aux professionnels du voyage

☐ **b.** aux touristes

☐ **c.** aux enfants

4. Comment peut-on obtenir de l'information ?

☐ **a.** par téléphone   ☐ **b.** par lettre   ☐ **c.** par Internet

5. À quelle adresse dois-je écrire si je veux avoir des informations sur :

a. des cours de cuisine : _____

b. le tour des 1 000 étangs : _____

c. des guides de randonnées : _____

d. le calendrier des manifestations : _____

6. À qui propose-t-on :

a. des aventures-jeux : _____

b. des circuits thématiques : _____

c. des ateliers : _____

• Production écrite

Complétez la lettre à l'aide des mots ci-dessous.

Impressionné – compliqué – voiture de location – route – jour le jour – chance – s'améliorer – métier – message – emmener – surprise – tomber en panne – content.

Chère Annouk,

Merci pour ton long _____. Moi aussi, j'ai été très _____ de te revoir, d'évoquer les beaux moments que nous avons passés ensemble... J'ai été très _____ par les nouveaux projets que tu développes. Tu fais vraiment un _____ qui te plaît : on le voit et on l'entend quand tu en parles.

Nous venons d'arriver dans le Midi, mais quelle _____, il ne fait pas beau... Décidément, nous n'avons pas de _____. Le voyage a été un peu _____ car nous sommes _____ avec la _____ ; nous avons dû coucher en _____ et repartir avec une autre _____ le lendemain. Décharger la voiture, la recharger... Ce n'est pas vraiment des vacances ! Mais nous avons eu de la chance... nous sommes _____ dans un très joli village et les gens à l'hôtel ont été charmants.

Maintenant, nous sommes installés et nous attendons que le temps _____. Les enfants lisent, regardent la télévision ou jouent avec leur console de jeu... et on fait tous ensemble des parties de Scrabble ou de Trivial Poursuit. Demain, si ça continue, nous _____ les enfants au Musée océanographique de Monaco... Tu vois, on vit au _____ : c'est bien les vacances !

Grosses bises et à bientôt de tes nouvelles.

• Production orale

Voici votre agenda possible de la journée. Décrivez une journée habituelle.

Lundi

1 h

2 h

3 h

4 h

5 h

6 h

7 h   **7 h**   lever, douche
      7h30   petit déjeuner – s'habiller

8 h   **8 h**   départ – métro
      8h30   début de la journée de travail

9 h

10 h   **10h30** pause café

11 h

12 h   **12h30** déjeuner à la cantine
       avec les collègues

Lundi

13 h   **13h30** reprise du travail jusqu'à 18 h

14 h

15 h

16 h

17 h

18 h

19 h   **19h** courses – retour à la maison

20 h   **20h** dîner + infos télé

21 h   **20h45** début de la soirée :
      émission télé ou DVD ou lecture
      et un peu d'Internet

22 h

23 h   **22h30–23 h** coucher

24 h

NOTES

Crédits photographiques
p. 6 : TCD Bouteiller/Prod DB © Arnold Pressburger Films/CRISTELLYS.
p. 68 : g Ph. © WTN Pictures/AFP.
p. 68 : d Ph. © Joanna Vestey/CORBIS.

N° de projet : 10272172 - Dépôt légal : Novembre 2014
Achevé d'imprimer en Italie en Janvier 2021 par Grafica Veneta - Trebaseleghe